Fisch und Fleisch

Kartoffeln

Aufs Brot

Süßes

Anhang

Warum ein Säure-Basen-Kochbuch?

Schon wieder eine neue Diät? Keineswegs – die Ernährung in Säure-Basen-Balance ist uralt und stellt die Bedürfnisse des Körpers ganz in den Vordergrund. Damit führt sie dazu, dass Sie sich rundum wohl fühlen, Heißhungerattacken und Gelüsten ohne Träne im Auge ade sagen können, dass Sie länger fit, gesund und leistungsfähig bleiben. Ihr Gewicht pendelt sich auf das Ihnen persönlich angemessene Wohlfühlgewicht ein, bestehende gesundheitliche Schwachstellen werden ausgeglichen und Laune wie Aussehen bessern sich sichtbar. Bei alledem beugen Sie ernsteren Krankheiten und vorzeitigem Älterwerden vor. Mit keiner anderen Ernährungsform lassen sich Aussehen, Gesundheit, Fitness und Alterungsprozess gleichzeitig so gut beeinflussen.

Bei der Säure-Basen-Diät gibt es keine Nahrungsmittel, die verboten sind. Anders als bei den meisten „Diäten" kommt es hier nicht ausschließlich auf die Nahrungsmengen und die Lebensmittelauswahl an, sondern auch darauf, den Bedürfnissen des Körpers hinsichtlich der Verdauung entgegenzukommen. Die gesündesten Nahrungsmittel nutzen nichts, wenn sie a) nicht schmecken und b) zu Verdauungsbeschwerden und Unlust führen!

Typisch Säure-Basen-Ernährung

Bei der Säure-Basen-Ernährung kommt es weder auf Kalorien noch auf Fett-, Eiweiß- oder Kohlenhydratgehalte an, sondern vorrangig auf das Verhältnis von sauren zu basischen Inhaltsstoffen.

Säuren werden mit der Nahrung zugeführt und entstehen außerdem in großen Mengen im Körper selbst. Basen können nicht gebildet werden, sondern werden dem Körper ausschließlich mit der Nahrung zugeführt.

Dr. med. R. M. Bachmann
K. Müller · W. Trautwein

Ganz bequem zur Säure-Basen-Balance Das Kochbuch

Fotografie: F. Volk

70 leichte Rezepte für jeden Tag: So halten Sie sich fit und gesund

TRIAS

Inhalt

Einleitung

Suppen

Salate

Kleine Gemüsesnacks

Gemüse

Von Säuren und Basen

Der Messwert für Säuren und Basen heißt pH-Wert (p für potentia, H für Hydrogenii – Wasserstoffion). In jeder Flüssigkeit bzw. Lösung, ob im Blut oder in den einzelnen Zellen, lässt sich der pH-Wert messen. Er ist für chemische Reaktionen genauso wichtig wie die Gegenwart bestimmter Reaktionspartner und eine bestimmte Temperatur. Deshalb ist es für die Funktion jeder einzelnen Zelle essenziell, den optimalen pH-Wert aufrecht zu erhalten.

Generell liegt der pH-Wert im Körper leicht auf der basischen Seite. Ein pH-Wert von 7 steht für das exakte Gleichgewicht zwischen Säuren und Basen, also für eine neutrale Lösung. Im arteriellen Blut liegt der pH-Wert um 7,40, also im leicht basischen Bereich. Im venösen Blut ist er schon etwas saurer, im Gewebe im Allgemeinen noch stärker sauer.

Über den Säuregrad entscheidet die Menge an Wasserstoffionen in der Lösung. Diese können sich mit Molekülen, die ein Wasserstoffion aufnehmen können, verbinden und werden so aus der Lösung entfernt, die Lösung wird also neutralisiert. Derartige Reaktionen laufen ständig im Körper ab; das dabei als Endprodukt entstehende Kohlendioxid wird abgeatmet. So wird die ständige Säureproduktion im Kraftwerk Körper ausgeglichen.

Woher kommen die Säuren?

Bei der Energiegewinnung in der Zelle und zahllosen weiteren Prozessen werden permanent Säuren gebildet. Hinzu kommt die Säurezufuhr über die Nahrung. Eine dritte Säurequelle im Körper sind Gärungssäuren, die von den Mikroorganismen im Darm gebildet werden. Es wird geschätzt, dass die Zahl der Bakterien und Hefen im Darm höher liegt als die Gesamtzahl der Körperzellen im menschlichen Organismus!

Sehr wichtig für den Säure-Basen-Haushalt ist auch das so genannte vegetative Gleichgewicht, das vom Nervensystem und den Botenstoffen geregelt wird. Das vom Willen unabhängige autonome oder vegetative Nervensystem besteht aus zwei Gegenspielern, dem Sympathikus (Aktivitätsnerv), der für (Muskel)Leistung und Aktion zuständig ist, und dem Parasympathikus (Erholungs-, Aufbaunerv), der den Aufbau von Körpersubstanz steuert und für die Regeneration verantwortlich ist. Beide Gegenspieler müssen gleichberechtigt zum Zug kommen, um die Gesundheit allgemein, speziell aber auch den Säure-Basen-Haushalt in Schuss zu halten: bei Überwiegen der Sympathikusaktivität wird das Gleichgewicht in Richtung Säuren verschoben. Die heute oft zu beobachtende Lebensweise mit zu wenig Zeit für Muße und ständig angesagter Action macht also im wahrsten Sinne des Wortes „sauer".

Da trotz all dieser Säurelastigkeit der pH-Wert dennoch im basischen Bereich liegen muss, damit alle Funktionen ordnungsgemäß ablaufen können, und da die Nahrung die einzige Quelle für Basen im Körper ist, ersehen Sie die Bedeutung einer basisch betonten Kost. Fallen zu viele Säuren an, können die verschiedenen Ausscheidungsorgane zwar die Säuren vermehrt eliminieren, aber dazu sind immer auch Basen notwendig.

Weg mit den Säuren!

Sie können die anfallende Säuremenge auf verschiedenen Wegen beeinflussen:

- Führen Sie weniger Säure mit der Nahrung zu (säurespendende Lebensmittel reduzieren.
- Reduzieren Sie säurebildende Nahrungsmittel und Ernährungsgewohnheiten; so werden weniger Säuren durch Gärung im Darm gebildet.
- Steigern Sie Ihre Durchblutung, um säurebildende Stoffwechsel(um)wege zu verhindern.
- Sorgen Sie für ein vegetatives Gleichgewicht: Erholungs- und Anspannungsphasen müssen sich einander entsprechen
- Bewegen Sie sich mehr; achten Sie auf eine tiefere Atmung. Dabei werden die angefallenen Säuren in verstärktem Maße abgeatmet.

Was Säuren anrichten

Säure-Basen-Spiegel im Blut und Säure-Basen-Haushalt sind zwei Paar Stiefel. Weil es für die Zellfunktion so ausgesprochen wichtig ist, den pH-Wert konstant zu halten, existieren zum einen Puffersysteme im Blut, mit deren Hilfe entstehende Wasserstoffionen (Säure) sofort abgefangen werden können. Im Blut ist der Säuregehalt also in der Regel meist völlig normal, obwohl der Organismus insgesamt oft schon ausgesprochen übersäuert ist. Kein Laborwert kann jedoch die Übersäuerung im Gewebe wiedergeben. In der Zwischenzellsubstanz wird Säure „deponiert“ und zurückgehalten. Sie stört die Zellfunktionen und verändert die Gewebestrukturen. Kollagenfasern im Unterhautgewebe beispielsweise quellen, die Grundsubstanz gelangt von der normalen Sol- in eine „festere“ Gelform; der Säureüberschuss wird durch Zurückhalten von Flüssigkeit abgemildert, sodass die betroffenen Gewebebezirke aufquellen. Knorpel wird unter Säureeinfluss unelastischer, was zur vorzeitigen Arthrose und Bandscheibenbeschwerden führen kann, da die mechanischen Schutzeigenschaften des Knorpels verschlechtert werden. Die Blutfließeigenschaften verschlechtern sich in der wichtigen Endstrecke der arteriellen Strombahn, also in den feinen Gewebsspalten zwischen den einzelnen Zellen. Alle diese Mechanismen können nicht folgenlos bleiben: das Wohlbefinden verschlechtert sich, meist schleichend, aber doch merklich. „Unerklärliche“ Befindensstörungen stellen sich ein wie Kopfschmerzen, Verdauungsstörungen, Hautprobleme, Müdigkeit, Verlust des jugendlichen Aussehens, später sogar Krankheiten wie Herz-Kreislaufbeschwerden, Arthritis, Gicht, Migräne, eine erhöhte Infektanfälligkeit, Neigung zu Entzündungen oder Magengeschwüren.

Die Basendepots auffüllen

Wegen des ständigen Anfalls von Säuren im Organismus stellt er die so genannte Alkalireserve bereit. Mit dieser Basen-Reserve können Säurebelastungen abgepuffert werden. Je besser die Alkalireserve, desto besser sind einzelne „Säurespitzen“ in den Griff zu bekommen. Bei ständiger Säureattacke macht aber auch die größte Alkalireserve irgendwann schlapp. Hier haben Sie mit der Ernährung in der Hand, wie gut das Basenpuffer-Depot in Ihrem Körper ist, denn Basen gelangen nur über die Nahrung hinein. Die Deponierung der Basen können Sie zusätzlich verbessern, indem Sie Sport treiben. Durch Sport ergibt sich ein Anreiz, ein gutes Basendepot aufzubauen, denn bei sportlicher Belastung fallen ebenfalls Säuren an (Muskelkater = größtenteils durch Milchsäure hervorgerufen).

Über die Ernährung können Sie also auf verschiedene Weise den Säure-Basen-Haushalt günstig beeinflussen:

- durch basische Kost die Alkalireserve steigern
- durch Verzicht auf säurebildende oder säurespendende Kost weniger Säuren eintragen
- durch geeignete Ernährungsgewohnheiten die Bildung von Gärungssäuren verhindern

Basische Kost – so funktionierts

Basisch sind solche Lebensmittel, bei denen der Anteil basischer Mineralstoffe den Anteil saurer Mineralstoffe überwiegt.

Basisch sind die Mineralstoffe Magnesium, Kalzium und Kalium. Zumindest von den Mineralien Magnesium und Kalzium ist heute belegt, dass sie in großen Bevölkerungsgruppen, allen voran bei figurbewussten Frauen, ein Mangelelement sind. Ganz abgesehen von der Basenwertigkeit sind alle drei dieser Mengenelemente für reibungslose Zellfunktionen äußerst wichtig. Natrium als basisches Mineral sollte indessen nur zurückhaltend aufgenommen werden – es schwemmt auf und kann den Blutdruck steigern. In der Nahrung ist es in der Regel im Übermaß enthalten. Sauer sind die Mineralstoffe Phosphor, Schwefel und Chlor, sauer sind auch die verschiedensten Säuren, die im Stoffwechsel anfallen.

Bei der Frage, ob ein Lebensmittel basisch oder sauer ist, kommt es vor allem auf den Nettoeffekt an, also darauf, was nach Abschluss des Verdauungsprozesses im Körper übrig bleibt. Eine definitiv saure Zitrone enthält leicht verstoffwechselbare Zitronensäure und basische Mineralstoffe. Die Säure kann leicht ausgeschieden werden, sodass im Nettoeffekt Basen überwiegen. Nicht der Geschmack ist ausschlaggebend!

Als Faustregel können Sie sich merken

- Basisch sind mit wenigen Ausnahmen alle Gemüse, Salate, Pilze, Obst, Kartoffeln.

Die Ausnahmen lauten: Artischocken und Rosenkohl, teilweise auch Dosengemüse (Mineralstoffverlust durch Auslaugen in die umgebende Flüssigkeit).

- Kuhmilch und Sahne sind basisch, Milchprodukte sind meist eher sauer.

Hier lauern Säuren!

Die sauren Mineralstoffe Phosphor, Chlor und Schwefel sind vor allem in Eiweiß enthalten. Obwohl eine eiweißreiche Lösung im Reagenzglas eher basisch reagiert, ist der Nettoeffekt im Körper nach Verstoffwechselung sauer. Man spricht bei Eiweißreichem daher von Säure bildenden Nahrungsmitteln. Daneben gibt es die Säure spendenden Nahrungsmittel, die schwer aus dem Körper zu entfernende (fixe) organische Säuren enthalten. Eine solche Säure ist z.B. die Oxalsäure (in Tomaten, Rhabarber, Kakao u.a.). Trotz dieser Säuren kann das Nahrungsmittel bei Reichtum an basischen Mineralstoffen im Endeffekt noch als basisch gelten. Ist bereits eine starke Übersäuerung eingetreten, können diese fixen Säuren dann dennoch zu Beschwerden beitragen.

Als Faustregel können Sie sich merken

- Eiweißreiches, also Fleisch, Fisch, Käse, Getreide und Nüsse, ist bis auf Ausnahmen sauer. Die Ausnahmen lauten: Hülsenfrüchte wie dicke Bohnen, Erbsen, Soja und Sojaprodukte sind basisch
- Fette sind sauer
- hastig Hinuntergeschlucktes ist sauer, selbst wenn es rechnerisch basisch wirken müsste (weil sich daraus Gärungssäuren bilden).

Besonders zu betrachten: Milchsäure

Rechtsdrehende Milchsäure ist eine mittelstarke Säure, die in milchsauer vergorenen Lebensmitteln (Sauerkraut, Sauerteig, Sauermilchprodukte) enthalten ist. Bei ihr ist es von der Menge und vom Übersäuerungsgrad abhängig, ob sie in der Leber sogar mithilft, andere Säuren auszuscheiden oder ob sie selbst zur Säurebilanz beiträgt. Bei Menschen jenseits der 40 kann es günstiger sein, gesäuerte Milchprodukte statt Kuhmilch zu genießen, weil ab dem fünften Lebensjahrzehnt das milchzuckerspaltende Enzym Lactase steil in seiner Aktivität abfällt und Milchzucker damit schwerer verträglich wird. Milchsäure verbessert die Bekömmlichkeit. Dies ist ein Beispiel dafür, dass Sie sich trotz aller Säure-Basen-Theorie immer das natürliche Gefühl bewahren sollten: „Was bekommt mir und was nicht“?

Vorsicht bei starker Übersäuerung

Lebensmittel, die – unabhängig davon, ob Zahlenspiele besagen, sie seien basisch oder nicht – sauer schmecken, enthalten selbstverständlich immer Säuren (Fruchtsäuren, Oxalsäuren u.a.). Bei schon übersäuertem Magen reizen diese Säuren die Schleimhaut zusätzlich und können zu Beschwerden wie Sodbrennen führen. Ein übersäuerter Magen ist in der Regel ein Zeichen dafür, dass der Körper wegen einer Säureüberlastung versucht, diese überflüssige Säure in den Magen auszuscheiden. Wenn Sie (basenwertiges) saures Obst nicht gut vertragen, lassen Sie es anfangs weg. Später, wenn Sie bei einer konsequenten Säure-Basen-Ernährung schon etliche Säuren ausgeleitet haben, können Sie das ehemals unverträgliche Obst schrittweise wieder in Ihren täglichen Speiseplan einführen und werden es dann in der Regel auch vertragen. Übrigens: Bei der Bewertung des Basengehalts geht man immer von natürlich ausgereiften Früchten aus (also nicht von unreifen Erdbeeren im Winter)!

Einschleichend: die Gärungssäuren

Gärungssäuren werden nicht nur über die Nahrung zugeführt, sondern sie entstehen auch im Darm. Gärung ist ein Prozess, bei dem Mikroorganismen (Bakterien, Hefen) unter Sauerstoffabschluss an Energie gewinnen. Nützliche Mikroorganismen siedeln vor allem im Dickdarm; es handelt sich um die so genannte Darmflora, die lebenswichtig ist. Bei Verdauungsstörungen können sich krankmachende Keime in ihr ausbreiten und die nützliche Flora überwuchern. Daneben können die Keime in Dünndarmabschnitte aufsteigen, in die sie nicht hineingehören. Während im Dickdarm so gut wie keine Nähr-, sondern nur noch Mineralstoffe und Wasser ins Blut aufgenommen werden, ist der Dünndarm sehr aufnahmebereit für die unterschiedlichsten Stoffe, sodass hier auch Gärungssäuren ins Blut gelangen können.

Die Gärung wird durch folgende Faktoren begünstigt oder beschleunigt:

- Überbeanspruchung der einzelnen Abschnitte des Verdauungskanals: Zu große, erst halbfertig verdaute Mengen an Nahrungsbrei in den einzelnen Abschnitten – wegen zu hastigen Essens, zu großer Portionen oder zu rascher Folge der Mahlzeiten
- Ballaststoff-Zucker-Gemisch als optimaler Nährboden für Keime (Beispiel Hefeteig: ein Teelöffel Zucker am Vorteig beschleunigt die Hefevermehrung sichtlich!)
- große Mengen individuell oder generell schwer verdaulicher Nährmittel (größere Mengen an Vollkorn, Hülsenfrüchten u.a.)

So vermindern Sie die Gärungssäuren

Um die Entstehung von Gärungssäuren bestmöglich zu unterbinden, sollte die Nahrung also so aufgenommen werden, dass die einzelnen Abschnitte des Magen-Darm-Kanals sie gut bewältigen kann.

Das bedeutet:

- Kauen Sie gut (das gibt auch einen besseren Sättigungseffekt).
- Beenden Sie das Essen, sobald ein Sättigungsgefühl eintritt.
- Lassen Sie mindestens zwei bis drei Stunden Pause zwischen den einzelnen Mahlzeiten; nicht ständig „snacken".
- Ein und dasselbe Nahrungsmittel ist nicht immer gleich gut verdaulich – schwer Verdauliches und Rohkost wird ab dem Nachmittag deutlich schlechter verarbeitet und gärt deshalb stärker. Planen Sie es deshalb für die Mittagsmahlzeit ein.

Hinweis

Ein gewisser Säurespiegel im Dickdarm ist jedoch sinnvoll. Gerade milchsaure Bakterien gehören der natürlichen Darmflora an und verhindern die Ausbreitung krankmachender Hefen und anderer Keime. Auch hier geht es – wie immer – um das gesunde Mittelmaß!

„Ausgelaugte" Lebensmittel

Nährstofftabellen können immer nur Näherungswerte angeben. Je nach Bedingungen, unter denen beispielsweise eine Pflanze wuchs, ist auch ihr Mineralstoffgehalt unterschiedlich. Dann kommt es weiterhin auf die Zubereitung an: Nehmen Sie eine Kartoffel, schälen Sie sie, schnippeln sie in 8 Teile und werfen Sie sie in einen Topf voll Wasser. Das Wasser gießen Sie später ab und mit ihm ein gut Teil der Mineralstoffe, die sich aus der Kartoffel im sprudelnden Wasser gelöst haben. Schrubben Sie dagegen die Kartoffel nur gründlich ab und dämpfen Sie sie dann in einem Dämpfeinsatz über dem Wasser, geht kein Mineralstoff verloren. Da es sich hier in erster Linie um basische Mineralstoffe handelt, ist eine gedämpfte Pellkartoffel viel basischer und gehaltvoller als eine rabiat weichgekochte Salzkartoffel. Für die basenfreundliche Zubereitung eignen sich daher ganz besonders:

Dünsten

Wenig Fett erhitzen, Gargut darin glasig werden lassen, mit möglichst wenig Flüssigkeit ablöschen und dicht schließenden Deckel bis zum Garwerden auflegen, die verbleibende Flüssigkeit für die Sauce verwenden

Dämpfen

Wasser in einen Topf geben (ca. 2 cm hoch), darüber einen Dämpfeinsatz (Metall, Bambussieb) geben, in den das Gargut gefüllt wird. Es wird im Dampf, nicht im Wasser gegart

Römertopf

Hierin schmort eine Art „Eintopf" – nichts wird anschließend weggegossen; Mineralstoffe gehen zwar an die entstehende Flüssigkeit verloren, aber die wird mitgegessen, weil sie köstlich schmeckt

Anbraten + Fertiggaren im Ofen

Auch hierbei gehen keine Mineralstoffe verloren. Das Gargut wird scharf angebraten (je heißer, desto weniger Fett nimmt es auf); im vorgeheizten Ofen wird es dann zu Ende gegart

Basische Kost konkret

Bei der Säure-Basen-Diät ist wichtig zu wissen: Säurebildende Eiweiße und auch Fette sind lebensnotwendig. Es kommt nicht darauf an, hiervon nur noch minimale Spuren zu sich zu nehmen, damit Sie sich bloß nichts Saures zuführen. Ordnen Sie bitte die Säure-Basen-Empfehlungen in ein gesundes Mittelmaß ein! Um sich überwiegend basisch zu ernähren, müssen Sie nur die Akzente anders setzen: Gemüseportionen verdoppeln und sich damit sättigen, jeden Tag am besten zwei Stück Obst essen, Fleisch nur noch alle 2 bis 3 Tage und nur als Beilage, nicht als Hauptgang essen. Auch die Zubereitung spielt bei der Säure-Basen-Bilanz eine Rolle: weniger braten, weniger Fett lautet hier die Devise.

Die Säure-Basen-Richtschnur

- Generell lautet die Empfehlung: Um eine typische Säurekrankheit zu heilen, sollten über den Tag verteilt 80% der Nahrungsmenge basisch, 20% sauer sein.
- Um sich eher eine Wohlfühlkost zu gönnen, braucht dieses Verhältnis nicht ganz so extrem auszufallen, denn als Dauerernährung muss eine „Diät" realisierbar sein.
- Der tägliche Bedarf an Eiweißen und essenziellen Fettsäuren muss gedeckt sein.

Wie mache ich das nun?

Wie sieht eine basische Ernährung im typischen Tagesverlauf aus? Hier einige Vorschläge:

- Essen Sie täglich zwei Stücke Obst, z.B. eins zum Frühstück, eins mittags zum Dessert, als zweites Frühstück oder spätestens am Nachmittag. Möglichst nicht mehr nach 15 Uhr!
- Frühstücken Sie reichhaltig und sättigend. Vorteile: erstens – morgens ist der Darm bestens zur Arbeit aufgelegt, es fallen weniger Gärungssäuren an. Zweitens – das Vormittagstief entfällt, Sie verderben sich den Appetit auf das Mittagessen nicht mit (sauren) Snacks.
- Essen Sie täglich mindestens zwei Portionen Gemüse oder eine Portion Gemüse und eine Portion Kartoffeln. Diese beiden Portionen sollen üppig ausfallen – Kartoffeln machen nicht dick (100 g haben nur 80 kcal, weniger als eine Scheibe Brot). Nehmen Sie den Löwenanteil Basen mit Gemüse auf!
- Salat sollten Sie sich für mittags reservieren. Vorteil: er nimmt, vor dem Hauptgang gegessen, etwas Hunger weg, sodass Sie eher satt sind und weniger essen; er wird mittags noch sehr gut ausgewertet und vergärt um diese Zeit noch nicht; er lässt sich auch an die Arbeitsstelle mitnehmen.
- Abends nehmen Berufstätige oft die Hauptmahlzeit ein. Nehmen Sie sich unbedingt Zeit dafür, damit sie gut verdaut werden kann (zu spät genossene üppige Mahlzeiten rauben darüber hinaus den Nachtschlaf).

Ein Basenplus bringt eine Gemüsesuppe vorweg. Ein Verdauungsspaziergang nach der Abendmahlzeit unterstützt die schon etwas ermüdete Verdauung, sodass er zur positiven Basenbilanz beiträgt.

Basenfreundlich den Durst löschen

In der Säure-Basen-Ernährung will auch der Aspekt des Trinkens berücksichtigt sein. Auch hier können Sie der Basenbilanz auf die Sprünge helfen.

Flüssigkeit ist unter anderem nötig, um anfallende Säuren über die Niere auszuscheiden. Noch ohne dass Sie basenbetont gegessen haben, können Sie mit zwei Gläsern Mineralwasser am Tag mehr zur Entsäuerung beitragen. Mit Getränken können Sie aber auch gezielt die Basenaufnahme steigern.

- Basenreich sind kalzium- und magnesiumreiche Mineralwässer bzw. Heilwässer (ein Heilwasser ist durch einen höheren Mineralstoffgehalt definiert)
- Kräutertees sind ebenfalls basenreich

Andererseits werden täglich literweise säurebildende oder -haltige Getränke konsumiert.

Zur Säurenbilanz tragen bei

- Kaffee, kurz gezogener (= coffeinreicher) Schwarz-, Grün-, Pu-Erh-Tee, Mate (die Gerbsäuren in nicht länger als 5 Minuten gezogenem Tee werden nicht nennenswert in den Körper aufgenommen)
- „Energy Drinks“ (Red bull, Flying horse etc.)
- Limonaden und Colagetränke (hoher Zuckergehalt – säurebildend, hoher Gehalt an organischen Säuren, z.T. schwer flüchtig)
- Alkohol

Milchsauer vergorene Getränke (Kurmolke, Brottrunk, Kwass, Joghurt-Drink u.a.) können günstig sein, indem sie eine krankhaft überwucherte Darmflora regenerieren und indem die in ihnen enthaltene Milchsäure in der Leber den Abbau schwerer flüchtiger Säuren unterstützt. Bei starker Übersäuerung sind diese basischen Getränke jedoch oft nicht gut verträglich, weil die darin enthaltene Säure sofort, noch bevor der basische Nettoeffekt zur Geltung kommt, die Magen-Darm-schleimhaut reizen kann.

Obstsäfte sind wie Obst selbst im Nettoeffekt üblicherweise basisch. Bitte aber nur gut dosiert trinken, sonst überwiegt die säuernde Wirkung der darin enthaltenen Fruchtsäuren. Ein Glas Orangensaft enthält den Saft von mindestens zwei Orangen. So viel würden Sie als ganze Früchte nur selten essen, denn der Körper bremst die Aufnahme von Säure und gärfreudigen Faserstoffen von selbst. Bequem in ein Glas gepackt merkt er jedoch nicht rechtzeitig, was da ankommt. Verdünnen Sie Obstsaft am besten mit Wasser.

Wie viel trinken?

Fast alle Menschen trinken heute viel zu wenig. Das hängt damit zusammen, dass das Durstgefühl ziemlich verkümmert und ein sehr schlechtes Alarmsignal ist. Wenn Sie deutlichen Durst verspüren, fehlt Ihnen mindestens schon ein Liter Flüssigkeit. Mit immer höherem Alter wird das Durstgefühl sogar noch schlechter. Folge: es können weniger Säuren ausgeschwemmt werden, und die Durchblutung verschlechtert sich, weil das Blut immer dicker wird.

Weil das Durstgefühl nicht verlässlich ist, müssen Sie selbst darauf achten, genug zu trinken. Warme Getränke kann man oft in größeren Mengen trinken als eiskalte, Getränke ohne Kohlensäure ebenfalls, und schließlich hilft auch ein wenig Süße (z.B. Honig, Ahornsirup, Apfel-, Birnen- oder Rübenkraut) im Getränk, dass man reichlich trinkt. Mit etwas Süße wird das Getränk schneller ins Blut aufgenommen, eine Regel, die Leistungssportler gut kennen. Zuviel Zucker (wie in Limonaden oder Fruchtsaftgetränken: 110 – 120 g pro Liter) macht zwar noch mehr Durst (wäre von der Flüssigkeitsbilanz evtl. günstig), belastet aber übermäßig mit Kalorien und Säure.

Eineinhalb Liter Getränke pro Tag werden in allgemeinen Richtlinien empfohlen. Hinzu kommt ein Liter Flüssigkeit aus Nahrungsmitteln und aus so genanntem Oxidationswasser, das bei der Verbrennung im Körper anfällt. Betrachten Sie sich aber Ihre Zeitgenossen, wird Ihnen auffallen, dass eine pauschale Empfehlung „1,5 Liter pro Tag“ kaum für alle Menschen mit den unterschiedlichsten Proportionen, für die zierliche Buchhändlerin wie für den imposanten Disco-Türsteher zutreffen kann. Dazu muss natürlich ein erhöhter Verbrauch gerechnet werden, der von Arbeit, Freizeitgewohnheiten und Wohnklima (trockene Luft bei Klimaanlage) abhängt.

Davon abgesehen sind 1,5 Liter für eine entsäuernde Lebensweise zu wenig. Überdosieren lässt sich Flüssigkeit, die Sie über Getränke aufnehmen, kaum, es sei denn, Sie litten an Herz- oder Nierenschwäche. Das tägliche Mindestmaß an Getränken sollten 2,5 Liter sein. Daneben ist unbedingt auch die Ausscheidung zu berücksichtigen, denn einige Getränke führen zu einer negativen Flüssigkeitsbilanz. Kaffee, Schwarz- und Grüntee, Alkohol, ganz besonders Bier regen die Nierendurchblutung an, sodass nach dem Genuss dieser Getränke weniger Flüssigkeit im Körper verbleibt als vorher; sie trocknen also aus.

Trinken Sie genug?

Überschlagen Sie einmal, was Sie täglich trinken. Addieren Sie die Menge aller Getränke außer den gerade genannten. Davon ziehen Sie nun die Menge ab, die auf Kaffee, Tee, Bier, Wein entfällt. Bleibt noch etwas übrig? Bleiben noch mehr als 1,5 Liter übrig? Die meisten müssen überrascht feststellen, dass das nicht der Fall ist. Nehmen Sie sich ab heute immer eine Flasche Mineralwasser extra zur Arbeit und zum Sport mit. Besorgen Sie sich eine Thermoskanne, um ständig Tee zur Hand zu haben – am besten Kräutertee. In Reformhäusern und Drogerien gibt es inzwischen eine riesige Auswahl an Kräuterteemischungen für alle möglichen Gelegenheiten und Geschmäcker. Diese Kräutertees bringen zusätzlich Basen mit. Eine Ausnahme sind hier allerdings die säuernden Früchtetees, die Sie wenig oder gar nicht trinken sollten.

Ideale Basenspender: Kräuter

Wild- und Küchenkräuter sind oftmals ganz besonders basisch. Nicht nur, um Salz einzusparen, sondern auch unter dem Aspekt Basen und zuvorderst natürlich, weil Kräuter einfach jedem Essen zu Pep verhelfen, lohnt es sich, das Kräuter-ABC näher kennenzulernen und damit zu experimentieren. Viele Kräuter lassen sich auf dem Küchenfensterbrett oder in einem Blumentopf auf dem Balkon ziehen, etliche können Sie auch im Topf im Supermarkt kaufen. Eine gute Alternative sind Tiefkühl-Kräuter, weil sie noch mehr Stoffe enthalten als getrocknete Kräuter. Aber auch Kräuter aus der Streudose können noch zahlreiche günstige Wirkungen entfalten.

Praxistipps: So klappts mit den Basen

- Trinken Sie mindestens 2,5 Liter pro Tag: Das schwemmt die Säuren aus und verbessert die Durchblutung.
- Essen Sie morgens und mittags Obst.
- Essen Sie mindestens eine Riesenportion Gemüse täglich – schonend gedünstet, gedämpft, auch püriert in eine Suppe gegeben (bringt sehr viele Basen mit).
- Reduzieren Sie Fleisch-, Käse-, Wurstportionen; das bringt weniger Säuren, weniger versteckte Fette und weniger Müdigkeit nach dem Essen.
- Kauen Sie gründlich; das bereitet die Verdauung vor, entlastet den Darm, sättigt früher, verlängert den Genuss am Essen und vermindert die Gärung.
- Bereiten Sie Ihre Nahrung schonend zu; vermeiden Sie Mineralverluste im Kochwasser.
- Verzichten Sie so weit wie möglich auf Dosengemüse; diese sind meist ausgelaugt. Besser ist Tiefkühlgemüse.
- Verteilen Sie Ihre Mahlzeiten klug: morgens ein sättigendes Frühstück, auch mit (saurem) Vollkorn, mit Joghurt, Obst usw. – geringe Gärungstendenz! Das gute Frühstück verhindert später weitgehend Heißhungerattacken. Mittags Salat, wenn gewünscht Rohkost, evtl.

Nahrungsmittel	basisch			neutral	sauer		
	stark	mittel	schwach		schwach	mittel	stark
Getreide Hülsenfrüchte		getrocknete weiße Bohnen Topinambur	frische weiße Bohnen grüne Erbsen		Hirse Hafer Mais- und Reisstärke Cornflakes getrocknete Erbsen	Kommiss-, Weiß- und Knäckebrot, Roggen-, Weizen-, Graubrot Weizen, Gerste, Reis, Roggen, Teigwaren Weizengraupen	ungeschälter Reis getrocknete Linsen Gerstengrütze Gerste
Früchte, Gemüse, Samen, Kräuter	Dill Löwenzahn Spinat getrocknete Früchte (Rosinen, Feigen, Datteln, Bananen) Oliven Melasse	Gurken Kartoffeln Kohlrabi Lauch Kopfsalat Sellerie Karotten rote Bete Chicorée Zuckerrübe Esskastanie Schnittlauch zahlreiche Gewürzkräuter	Kohl (außer Rosenkohl) Meerrettich Paprika, Endivien, Radieschen, schwarzer Rettich Schwarzwurzeln Wassermelone, Zwiebeln Knoblauch Pilze, Äpfel Birnen Beeren Steinobst Ananas Bananen	frische Walnüsse	Preiselbeeren Artischocken Haselnüsse Mandeln	Rosenkohl gelagerte Walnüsse	Erdnüsse Paranüsse
Milch, Milchprodukte		Buttermilch Molke Joghurt, Kuh-, Schafs- Ziegenmilch Sahne		Camembert Emmentaler Limburger Parmesan Rahmkäse	Quark von mager bis 40% fett Handkäse		
Fisch				Kabeljau	Aal, Forelle Flunder, Heilbutt, Hummer, Seelachs, Hecht Rotzunge Schleie	Schellfisch Zander	
Fleisch, Ei		Eidotter		Eiklar Kalb gekocht Hammel Hase, Kaninchen, Schwein	Ente Huhn, Kalb gebraten Reh, Hirsch Rind		
Fette			naturbelassene Fette Öle, Butter	Schweineschmalz	Kokosfett gehärtete Fette		
Weiteres			Wasser		Zucker Süßigkeiten Weißmehlprodukte Kaffee Limonade Alkohol	Honig	

ein zweites Stück Obst (Salat mittags noch gut verdaulich). Abends am besten kleine Mahlzeit („wie ein Bettler"); bei Berufstätigen, die abends ihre Hauptmahlzeit essen, keine Rohkost mehr; Basen z.B. über Gemüsesuppe zuführen (leicht verdaulich); ein Abendspaziergang fördert die abends schon ermüdete Verdauung.

- Sorgen Sie für regelmäßigen Stuhlgang; das verhindert die Überwucherung des Darms mit krankmachenden/übermäßig säurebildenden Keimen.

Was bringt Ihnen die Säure-Basen-Ernährung?

Mit der vorgestellten Ernährungsweise werden reichlich basische Mineralstoffe zugeführt, die der Übersäuerung aufgrund von Fehlernährung (zuviel Fleisch, Weißmehlprodukte, Süßigkeiten, Kaffee usw.) und zu hektischer Lebensweise entgegenwirken. Sie kommt auch den Verdauungsprozessen entgegen und führt daher zu mehr Wohlbefinden. Leichtere Säurekrankheiten wie gelegentliche Kopf- und Gelenkschmerzen, Durchblutungsstörungen, Hautleiden wie leichte Neurodermitis können damit gebessert werden. Achten Sie vor allem zu Zeiten erhöhten Stresses (weitere Übersäuerung!) darauf, sich durch gute Basenzufuhr ein Alkalipolster zu verschaffen, um Schlimmeres zu verhüten.

Bei bereits eingetretenen Säurekrankheiten mit ernsteren Symptomen (Weichteilrheumatismus, schwerere Neurodermitis, Migräne u.a.) reicht es nicht aus, nur die Kost umzustellen. Hier kann der Arzt mit einer Basentherapie zusätzlich behandeln. Basenpräparate stehen in Pulver- und Tablettenform zur Verfügung oder können direkt in die Blutbahn infundiert werden. Die erhältlichen Präparate unterscheiden sich hinsichtlich ihrer Zusammensetzung und Resorbierbarkeit – nicht jedes basische Salz wird auch ins Blut aufgenommen. Für die Autoren hat sich eine spezielle Mischung bewährt, die in Tablettenform auch geschmacklich angenehm ist.

Eine noch wesentlich intensivere Form der Entsäuerung bietet ärztlich geführtes Fasten. Fasten auf eigene Faust bei Säuresymptomen ist nachdrücklich abzulehnen, denn die Säuresymptome (allen voran Schmerz) verstärken sich bei unsachgemäßem Vorgehen zunächst. Eine bei Übersäuerung besonders bewährte Methode ist das Fasten nach F. X. Mayr, ergänzt durch Basen- und weitere Mineralstoffpräparate. Bei dieser Fastenform entstehen die bei anderen Fastenformen beobachteten Säuren im Fastenstoffwechsel nicht oder wesentlich geringer, zudem wird – bei der Mayr-Variante Milch-Semmel-Fasten – gleich zu Beginn des Fastens die verdauungsfreundliche Esskultur erlernt. Diese Art des Fastens hat sich vielfach bei Säurekrankheiten, namentlich Migräne, Rheuma und Herz-Kreislaufkrankheiten, bewährt, wenn sie von einem „basenfreundlichen" therapeutischen Behandlungsprogramm umrahmt wird. Zu den weiteren probasischen Therapiesäulen zählen beispielsweise die Pflanzenheilkunde (basische Heilkräuter wie Löwenzahn, verdauungsanregende Heilkräuter wie Artischocke), die Kneipp-Wassertherapie (Durchblutungsverbesserung, damit intensive, aber sanfte Entsäuerung im Gewebe) und die Bewegungstherapie (Verbesserung der Alkalireserve durch Säurereiz, vermehrte Abatmung von Kohlensäure durch tiefere Atmung).

Schach den Zivilisationskrankheiten

Übersäuerung ist eine typische Zivilisationserscheinung. Zu wenig Bewegung, zu viel krankmachender Stress, zu säurebetonte Nahrung, zu wenig einfache basische Kost sind die Komponenten, die dazu beitragen. Mit einer basenorientierten Ernährung sorgen Sie dafür, Säurebelastungen unterschiedlichster Art besser auffangen zu können. Mit einer Umstellung der übrigen Lebensweise mindern Sie die Übersäuerung zusätzlich. Die Säure-Basen-Ernährung ist eine Kostform, der Sie ab heute folgen sollten, um Säurekrankheiten vorzubeugen. Bei bereits eingetretenen Säurekrankheiten sollte eine gründliche Entsäuerung, am besten im Rahmen einer Kur, vorausgehen. Die hier beschriebene Säure-Basen-Kost hilft dann, den eingeschlagenen Weg der Entsäuerung zielstrebig weiterzugehen.

Man nehme …

1 Grau ist alle Theorie, doch Ihnen knurrt der Magen, und Sie wollen etwas essen, das lecker schmeckt und ganz nebenbei Ihren Basenhaushalt aufpolstert. Hierzu finden Sie in diesem Buch reichlich Rezepte.

2 Sie wurden für moderne Leute von heute zusammengestellt, die ihren Alltag nicht mit stundenlangem Hantieren in der Küche vereinbaren wollen. Deshalb wurde Wert auf Gerichte gelegt, die in den meisten Fällen schnell zubereitet sind – bei den etwas aufwändigeren Ausnahmen lohnt sich die Mühe dennoch, denn sie sind dafür gedacht, dass Sie mehrere Portionen einfrieren können und dann zu einem späteren Zeitpunkt umso schneller ein abgerundetes Gericht auf den Tisch zaubern können. Weil es zu zweit besser schmeckt, beziehen sich die Mengenangaben jeweils auf zwei Personen.

3 Sie sollen an den Rezepten auch gezeigt bekommen, dass die basische Küche keine „schlappe Gemüsepampe" bedeutet. Sie stoßen auf Fleisch- und Fischgerichte, Gebratenes und luftige Sahne-Desserts. Das alles hat völlig seine Berechtigung, wenn Sie es im Menü schlau mit Salat (mittags), reichlich knackigem Gemüse oder einer Cremesuppe vorweg kombinieren.

4 Besonders wurde an die vielen Berufstätigen gedacht, denn sie sind am anfälligsten für zu schnelles und ungesundes Essen. Es gibt Alternativen zwischen langweiliger Butterstulle und Massenfraß aus der Kantine!

5 Also, die Ärmel hochgekrempelt und zum Kochlöffel gegriffen. Die Autoren wünschen Ihnen viel Spaß dabei und einen guten Appetit!

Topinambur-Orangensuppe

Ungewöhnlich und mit Pfiff

Zutaten

2 Schalotten
2 EL Olivenöl
150 g Topinambur
Thymian
150 ml Orangensaft
350 ml Basenbrühe
Salz, Pfeffer, Muskat
2 EL saure Sahne

Nährstoff-Gehalt pro Person

160 kcal
Eiweiß 4g
Fett 13 g
Kohlenhydrate 16 g

Zubereitung

1 *Schalotten schälen und in kleine Würfel schneiden. Topinambur schälen und in Scheiben schneiden.*

2 *Olivenöl erhitzen und Schalotten mit Topinambur darin dünsten.*

3 *Nach etwa 5 Minuten mit der Basenbrühe und dem Orangensaft aufgießen, 15 Minuten köcheln lassen.*

4 *Saure Sahne dazugeben und pürieren*

5 *Suppe nochmals aufkochen und mit Thymian, Salz, Pfeffer und Muskat würzen.*

Soupe de Pistou – Französische Gemüsesuppe mit Pesto

Schmeckt herrlich nach Sommer

Zubereitung

1 Kartoffeln und Zwiebel schälen und in Würfel schneiden. Möhren, Zucchini und Bohnen putzen und in mundgerechte Stücke zerkleinern.

2 Kartoffeln, Möhren, Zucchini, Zwiebel, Bohnen und eine halbe Tomate in 2 EL Olivenöl bei kleiner Flamme so lange erhitzen, bis das Gemüse Wasser gibt.

3 Danach noch Wasser zugießen, bis das Gemüse gut bedeckt ist.

4 Etwa eine halbe Stunde kochen lassen. Mit Salz und Pfeffer abschmecken. Die restlichen Tomaten vom Stielansatz befreien, klein würfeln und dazugeben, nochmals 10 Minuten kochen.

5 Pistou: Knoblauch pressen, Basilikum klein zerhacken, ein Eigelb mit dem restlichen Olivenöl aufschlagen, alles gut verrühren und eine halbe Tomate zufügen. Der Pistou wird separat serviert

Zutaten

2 mittlere Kartoffeln
3 mittelgroße Möhren
1 große Zucchini
1 Zwiebel
Basilikum
4 EL Olivenöl
1 Knoblauchzehe
1 gute Hand voll
grüne Bohnen
2 Tomaten
1 ganz frisches Ei
Salz, Pfeffer

Nährstoff-Gehalt pro Person

170 kcal
Eiweiß 7g
Fett 5 g
Kohlenhydrate 36 g

Südländischer Gemüsetraum

Alles Gesunde aus der Mittelmeerküche

Zutaten

6 Knoblauchzehen
1 rote Paprikaschote
2 mittelgroße Kartoffeln
½ Aubergine
2 grüne Zucchini
1 Fleischtomate
0,2 l Gemüsebrühe
1 Rosmarinzweig
Bohnenkraut
Blattpetersilie
Salz, Chilipulver
3 EL Olivenöl

Nährstoff-Gehalt pro Person

kcal 336
Eiweiß 7 g · Fett 20 g
Kohlenhydrate 26 g
Ballaststoffe 6 g

Zubereitung

1 Die Gemüse waschen, putzen und in kleine Würfel schneiden.

2 Den Knoblauch schälen, halbieren und in Olivenöl bei kleiner Hitze andünsten. Die entkernten Paprika und Auberginen dazugeben. Mit einer kleinen Prise Chilipulver und etwas Salz abschmecken, mit der Gemüsebrühe aufgießen.

3 Die Kartoffelwürfel, Rosmarin und Bohnenkraut zugeben. Bei geschlossenem Topf und mäßiger Hitze ca. 10 Minuten köcheln lassen.

4 Die Zucchini und die entkernte Tomate zugeben, ca. 5 Minuten ziehen lassen, abschmecken und mit der grob gehackten Petersilie bestreuen.

Tipp

In Olivenöl angedünsteter Knoblauch riecht weit weniger als frischer! Statt Kartoffeln können Sie auch mehr Gemüse nehmen.

Gemüsebrühe selbst gemacht

Tolle Alternative zu Instantbrühe

Zubereitung

1 Gemüse waschen, putzen und in Stücke schneiden.

2 Alle Zutaten mit 3 Liter Wasser aufsetzen und bis knapp unter den Siedepunkt erhitzen; dann auf kleine Hitze schalten und das Gemüse etwa 90 Minuten ziehen lassen.

3 Brühe durch ein sehr feines Sieb geben.

Tipp

Diese Brühe können Sie frisch verwenden. Was Sie nicht brauchen, frieren Sie ein: am praktischsten zunächst in einem Eiswürfelbereiter. Die fertig gefrorenen „Suppenwürfel" geben Sie dann, portionsweise in Tüten verpackt, in die Tiefkühltruhe. Gemüsebouillon ohne Zusatzstoffe, zweifelhafte Fette und zuviel Salz!

Zutaten

für ca. 16 Portionen

- 2 große Karotten
- 1 Sellerieknolle oder 1 Petersilienwurzel
- 1 Lauchstange
- 1 rote Paprika
- 1 kleine Zucchini
- 1 Tomate
- 1 kleiner Blumenkohl
- 2 Lorbeerblätter
- 1 Knoblauchzehe
- 1 TL Korianderkörner
- 1 TL schwarzer. Pfeffer
- Stiele: Petersilie, Dill, Kerbel

Nährstoff-Gehalt pro Person

kcal 12
Eiweiß 1 g · Fett 0 g
Kohlenhydrate 2 g
Ballaststoffe 0 g

Klare Champignonbrühe mit Blattpetersilie

Aus Suppenwürfeln schnell etwas Basisches zaubern

Zubereitung

1 Die Champignons putzen. Nicht in Wasser waschen, sondern mit Küchenkrepp abreiben, in feine Blätter schneiden und in der Butter anschmoren.

2 Die Gemüsebrühe aufgießen und mit Salz abschmecken. Ca. 5 Minuten ziehen lassen.

3 Die grob gehackte Blattpetersilie darüber streuen.

Tipp

Statt der Champignons können Sie auch Egerlinge, Shiitake-Pilze oder Austernpilze verwenden.

Zutaten

- 100 g fr. Champignons
- 1 Bund Blattpetersilie
- 1 TL Butter
- 0,3 l Instant-Gemüsebrühe (oder selbst gemacht, s. S. 27)
- Salz

Nährstoff-Gehalt pro Person

kcal 64
Eiweiß 2 g · Fett 5 g
Kohlenhydrate 1 g
Ballaststoffe 2 g

Karottencremesuppe mit Sauerampfer

Basen aus dem Vollen schöpfen

Zutaten

- 2 Karotten
- 2 Schalotten
- 1 TL Butter
- 0,3 l Gemüsebrühe
- 4 TL Crème fraîche
- Mondamin zum Binden
- fr. Sauerampfer n. Gesch.
- Salz

Nährstoff-Gehalt pro Person

kcal 173
Eiweiß 4 g · Fett 11 g
Kohlenhydrate 14 g
Ballaststoffe 3 g

Zubereitung

1 Die Schalotten in kleine Würfel schneiden und in Butter andünsten.

2 Die Karotten schälen, in kleine Stücke schneiden und zusammen mit den Schalotten und der Gemüsebrühe weich kochen. Mit Mondamin binden.

3 Die Karotten mit dem Pürierstab zur cremigen Suppengrundlage verarbeiten.

4 Den Sauerampfer in feine Streifen schneiden und darüber streuen.

5 Suppe in einen Teller füllen und pro Portion 2 TL Crème fraîche hineingeben, mit einer Gabel zu einem hübschen Muster verzieren.

Tipp

Statt Sauerampfer können Sie auch Kerbel, Liebstöckel oder frischen Blattspinat ausprobieren. Eine solche Gemüsesuppe wertet jede Mahlzeit in der basischen Bilanz auf.

Fenchelcremesuppe mit Limone und Kirschtomate

Gemüse kann sehr kurzweilig sein!

Zutaten

- *1 Fenchelknolle*
- *1 Limone*
- *4 Kirschtomaten*
- *0,2 l Gemüsebrühe*
- *0,1 l Milch*
- *Salz*
- *Mondamin zum Binden*

Zubereitung

1 *Die Fenchelknolle putzen, in kleine Stückchen schneiden und in der Gemüsebrühe (z. B. Rezept Seite 27) weich dünsten. Die Milch zusammen mit dem Fenchelfond aufkochen, mit Mondamin abbinden, anschließend den Fenchel mit dem Pürierstab cremig verrühren.*

2 *Mit dem Limonensaft und wenig Salz abschmecken.*

3 *Die sternförmig eingeschnittenen Kirschtomaten zur Garnierung auflegen.*

Tipp

Auch lecker mit einem Klacks Crème fraîche.

Nährstoff-Gehalt pro Person

kcal 86
Eiweiß 4 g · Fett 5 g
Kohlenhydrate 6 g
Ballaststoffe 3 g

Gemüsecreme mit Sauerrahm

Hier ist das Gemüse fast unsichtbar

Nährstoff-Gehalt pro Person

kcal 394
Eiweiß 9 g · Fett 30 g
Kohlenhydrate 22 g
Ballaststoffe 9 g

Zutaten

- *1 große Karotte*
- *2 mittelgroße Kartoffeln*
- *1/2 Kopf Blumenkohl*
- *0,4 l Gemüsebrühe*
- *1 Becher Sahne (200 g)*
- *1 Zucchini*
- *50 g frische Austernpilze*
- *Salz, weißer Pfeffer*
- *1 Zweig frischer Majoran*
- *1 Bund Blattpetersilie*
- *2 TL Sauerrahm*

Zubereitung

1. *Die Kartoffeln und die Karotte schälen und klein schneiden, den Blumenkohl putzen und zusammen in der Gemüsebrühe garen.*
2. *Mit Sahne aufgießen und die Gemüse im Topf pürieren.*
3. *Die Zucchini und die Austernpilze klein schneiden und etwa 3 Minuten mitköcheln lassen. Mit Salz und weißem Pfeffer abschmecken.*
4. *Mit den frischen Kräutern bestreuen und mit 1 TL Sauerrahm pro Teller servieren.*

Tipp

Für alle, die es scharf lieben, gibt klein geschnittener Chili eine pfiffige Note.

Champignoncremesuppe mit Parmesan und Basilikum

Suppe ist die beste Vorbereitung für ein genussvolles Mahl!

Zutaten

2 Schalotten
1 TL Butter
150 g frische Champignons
0,2 l Gemüsebrühe
100 g Sahne
Mondamin zum Binden
Salz
4 Basilikumblätter
50 g fr. ger. Parmesan

Nährstoff-Gehalt pro Person

kcal 323
Eiweiß 14 g · Fett 26 g
Kohlenhydrate 6 g
Ballaststoffe 2 g

Zubereitung

1 *Die fein geschnittenen Schalotten in Butter anschwitzen, die Champignons zugeben, dünsten und mit der Gemüsebrühe und der Sahne aufgießen.*

2 *Zwei Minuten köcheln lassen und mit Mondamin binden, mit Salz abschmecken.*

3 *Die Basilikumblätter in feine Streifen schneiden und mit dem Parmesan auf die fertige Suppe streuen.*

Tipp

Nehmen Sie sich die Extra-Mühe, eine Suppe zu kochen, vor allem bei einer eher sauren Bilanz in der Hauptmahlzeit (Fleisch-, Fischgericht). Für etwas weniger verstecktes Fett können Sie saure Sahne (10% Fett) statt der süßen Sahne (30% Fett) nehmen. Saure Sahne darf allerdings nicht kochen, sonst klumpt sie. Erst zum Schluss unterrühren.

Eichblattsalat mit sautierten Garnelen

Sättigender, nährstoffreicher Salat für mittags

Zubereitung

1 Den Eichblattsalat putzen, waschen und auf dem Teller anrichten.

2 Aus Essig, Öl, Senf, Wasser, Salz und Pfeffer ein Salatdressing rühren und über den Eichblattsalat geben.

3 Das Dinkelbrot in kleine Würfel schneiden und in der Butter anrösten. Die Nordseekrabben dazugeben und mit dem Zitronensaft abschmecken.

4 Die noch lauwarmen Krabben über den Salat geben.

Tipp

Wer auf seine Blutfettwerte achten muss, sollte auf die Butter verzichten, denn die Krabben enthalten schon reichlich Cholesterin.

Zutaten

- 1 Kopf Eichblattsalat
- 2 EL Butter
- Saft von $\frac{1}{2}$ Zitrone
- 150 g Krabben (Shrimps)
- 1 Scheibe Dinkelbrot
- 3 EL Sherryessig
- 3 EL Distelöl
- 5 EL Wasser
- 1 TL mittelscharfer Senf
- Salz, Pfeffer

Nährstoff-Gehalt pro Person

kcal 405
Eiweiß 17 g · Fett 28 g
Kohlenhydrate 13 g
Ballaststoffe 3 g

Lollo-Rosso-Radiccio mit Vollkorn-Croutons

Als Beilage oder für den kleinen Hunger zwischendurch

Zubereitung

1 Salate putzen, waschen, abtropfen lassen und danach in mundgerechte Stücke zupfen.

2 Essig mit Distelöl, Sesamöl, Salatkräutern und etwas Wasser verrühren. Die Salate im Dressing wenden und auf Tellern verteilen.

3 Vollkorntoast in ca 1 cm große Würfel schneiden, 1 EL Öl in einer Pfanne erhitzen und die Brotwürfel darin anbraten. Brotwürfel auf dem Salat anrichten.

Zutaten

- 1/2 Lollo Rosso
- 1/2 Radiccio
- 2 EL Balsamico-Essig
- 1 EL Distelöl
- 1 TL Sesamöl
- 1 EL gehackte Petersilie
- 2 Scheiben Vollkorntoast

Nährstoff-Gehalt pro Person

169 kcal
Eiweiß 7g
Fett 8 g
Kohlenhydrate 13 g

Kürbissalat

Eine basische Köstlichkeit im Herbst

Zutaten

300 g Kürbisfleisch
(z.B. Hokaido)
100 g Zuckerschoten
5 Frühlingszwiebeln
4 Cocktailtomaten
2 Knoblauchzehen
2 EL Olivenöl
100 ml Basenbrühe
2 El Balsamico-Essig
2 EL Orangensaft
1 TL Senf
Pfeffer

Nährstoff-Gehalt pro Person

294 kcal
Eiweiß 8g
Fett 12 g
Kohlenhydrate 34 g

Zubereitung

1 Kürbis schälen oder gut waschen (Hokaido kann mit der Schale verarbeitet werden). Das Kürbisfleisch in kleine Würfel schneiden. Mit den Zuckerschoten in wenig Wasser 10 Minuten dünsten, in einem Sieb kalt abschrecken, 4 EL des Kochwassers aufbewahren.

2 Zwiebeln fein hacken, Tomaten halbieren und beides mit der Kürbis-Zuckerschotenmischung vermengen.

3 Knoblauch pressen und kurz in Olivenöl anbraten, mit dem zurückbehaltenen Kochwasser aufgießen. Mit Essig, Orangensaft, Senf und Pfeffer zu einer Marinade verrühren und über den Salat gießen.

Bunte Blattsalate mit Zitronencroutons

Pfiffige Salatvariante für mittags

Zubereitung

1 Die Blattsalate putzen und waschen.

2 Die Butter in einer Pfanne erhitzen und mit dem Zitronensaft aufschäumen, das in Würfel geschnittene Dinkelbrötchen und den abgezupften Thymian zugeben und leicht anrösten.

3 Joghurt, Öl, Senf, Salz und Pfeffer gut verrühren (z.B. mit einem Pürierstab).

4 Den Salat anrichten, mit dem Salatdressing überziehen und die noch lauwarmen Croutons darüber streuen.

Tipp

Wenn Sie einen Salat zur Arbeit mitnehmen wollen, sollten Sie Salatblätter und -soße in zwei getrennten Behältern mitnehmen und den Salat erst kurz vor dem Verzehr mit der Soße mischen, sonst fallen selbst die knackigsten Blätter zusammen!

Zutaten

- Verschiedene Blattsalate
- 1/2 Zitrone
- 1 EL Butter
- 1 Dinkelbrötchen
- 1 Thymianzweig
- 125 g (1 Becher) Biojoghurt
- 1 EL Maiskeimöl
- 1/2-1 EL Obstessig
- 1 TL Senf
- Salz, Pfeffer

Nährstoff-Gehalt pro Person

kcal 296
Eiweiß 6 g · Fett 21 g
Kohlenhydrate 10 g
Ballaststoffe 3 g

Apfel-Kartoffel-Salat

Praktisch auch zum Mitnehmen

Zutaten

- 250 g fest koch. Kartoffeln
- 2 Äpfel (z.B. Jonagold)
- 1 Bund Frühlingszwiebeln
- 1 Tasse Gemüsebrühe (s. S. 26)
- 50 g Edamer
- 2 TL Senf
- 1 Prise getrock. Majoran
- 1-2 EL Weißwein
- Salz, Pfeffer
- 2 EL Öl
- 1 Knoblauchzehe
- 1 EL geröstete Sonnenblumenkerne
- 2 EL frische Kresse

Nährstoff-Gehalt pro Person

kcal 325
Eiweiß 11 g · Fett 19 g
Kohlenhydrate 27 g
Ballaststoffe 6 g

Zubereitung

1 Kartoffeln waschen, in der Schale weich kochen, abschrecken und pellen.

2 Kartoffeln in Scheiben schneiden und mit der heißen Fleischbrühe begießen.

3 Äpfel schälen, vierteln, Kerngehäuse entfernen und in Würfel schneiden. Edamer in Streifen und Frühlingszwiebeln in feine Ringe schneiden.

4 Essig, Zucker, Senf, Majoran, Salz und Pfeffer verrühren, bis sich Zucker und Salz völlig aufgelöst haben. Dann das Öl einrühren. Knoblauch schälen, durch die Presse drücken und zur Soße geben.

5 Die Kartoffeln mit Äpfeln, Frühlingszwiebeln und Edamer mischen. Die Soße vorsichtig unterheben. Salat nochmals ziehen lassen. Mit gerösteten Sonnenblumenkernen und Kresse dekorieren.

Tipp

Für eine abendliche Mahlzeit sollten Sie die Äpfel kurz dämpfen, dann sind sie verträglicher.

Chinakohlsalat mit Zuckerschoten

Rasch zubereitet, gut zum Mitnehmen

Zubereitung

1 Tomaten einritzen, mit kochendem Wasser übergießen und häuten. Tomaten entkernen und klein schneiden.

2 Zuckerschoten waschen, Fäden abziehen und Schoten in feine Streifen schneiden.

3 Chinakohl waschen und in Streifen schneiden. Rucola vorsichtig waschen, Blätter trocken tupfen, Stiele entfernen.

4 Schalotten schälen und in feine Würfelchen schneiden.

5 Die Vinaigrette-Zutaten gut miteinander vermischen, Salatzutaten darin 10 Minuten marinieren.

Tipp

Die Zutaten dieses Salats fallen nicht so schnell zusammen wie Blattsalate. Deshalb können Sie ihn gut zur Arbeit mitnehmen.

Zutaten

- 2 Tomaten
- 60 g Zuckerschoten
- 1/2 Chinakohl
- 40 g Rucola, Ersatz: Kresse
- 2 Schalotten

Dressing

- 1 EL Apfelessig
- 1 TL Apfelkraut (Apfeldicksaft)
- 2 EL Sonnenblumenöl
- Pfeffer, Salz
- abger. Schale einer Zitrone

Nährstoff-Gehalt pro Person

kcal 53
Eiweiß 3 g · Fett 1 g
Kohlenhydrate 7 g
Ballaststoffe 3 g

Chicorée mit Orangen

Schmeckt fruchtig-saftig

Zutaten

- 2-3 Chicorée
- 2 unbehandelte Orangen
- 1 Karotte
- 2 EL Alfalfasprossen

Dressing

- 3 EL Naturjoghurt
- 1 EL Walnussöl
- 1 Messerspitze Honig
- Salz, Pfeffer

Nährstoff-Gehalt pro Person

kcal 70
Eiweiß 2 g · Fett 1 g
Kohlenhydrate 13 g
Ballaststoffe 5 g

Zubereitung

1 Chicoréekolben in einzelne Blätter teilen (bei den heutigen Züchtungen ist es nicht mehr notwendig, den früher bitteren Strunk herauszuschneiden), Blätter waschen und trocken tupfen. Einige schöne Blätter zurück behalten, den Rest in Streifen schneiden.

2 Orangen waschen, dünne Streifen von der Schale abschneiden (professionell geht es mit dem Julienne-Reißer, den Barmixer benutzen). Orangen in Schnitze teilen, diese klein schneiden.

3 Karotte schälen (Bundmöhre nur kräftig sauber schrubben), fein raspeln.

4 Alfalfasprossen, wenn gewünscht, waschen und abtropfen lassen.

5 Alle Dressing-Zutaten gut mischen, mit dem aufgefangenen Orangensaft verrühren. Salatzutaten darin marinieren.

6 Chicoréeblätter auf Tellern anrichten, Salat darauf geben und mit den Orangenschalenstreifen bestreuen.

Tipp

Wie alles Bittere regt auch Chicorée die Verdauung gut an, deshalb ist dieser Salat ein gutes Entrée!

Crostini mit Salat und Austernpilzen

Eine kleine Säuresünde – neutralisiert durch Salat und Pilze

Zutaten

- Salat nach Geschmack
- 4 Scheiben Dinkelbrot oder Vollkornbrot
- 200 g Austernpilze
- 1 EL Balsamico-Essig
- 1 Knoblauchzehe
- 1 EL Olivenöl
- Salz, Pfeffer

Zubereitung

1 *Den Knoblauch in Olivenöl anschwitzen, die geputzten Austernpilze dazugeben, anschwenken und mit Salz, Pfeffer und einem Tropfen Balsamico-Essig abschmecken.*

2 *Das Brot toasten und großzügig mit den frischen Salatblättern belegen. Die noch lauwarmen Austernpilze darüber geben und sofort servieren.*

Nährstoff-Gehalt pro Person

kcal 379
Eiweiß 13 g · Fett 14 g
Kohlenhydrate 45 g
Ballaststoffe 14 g

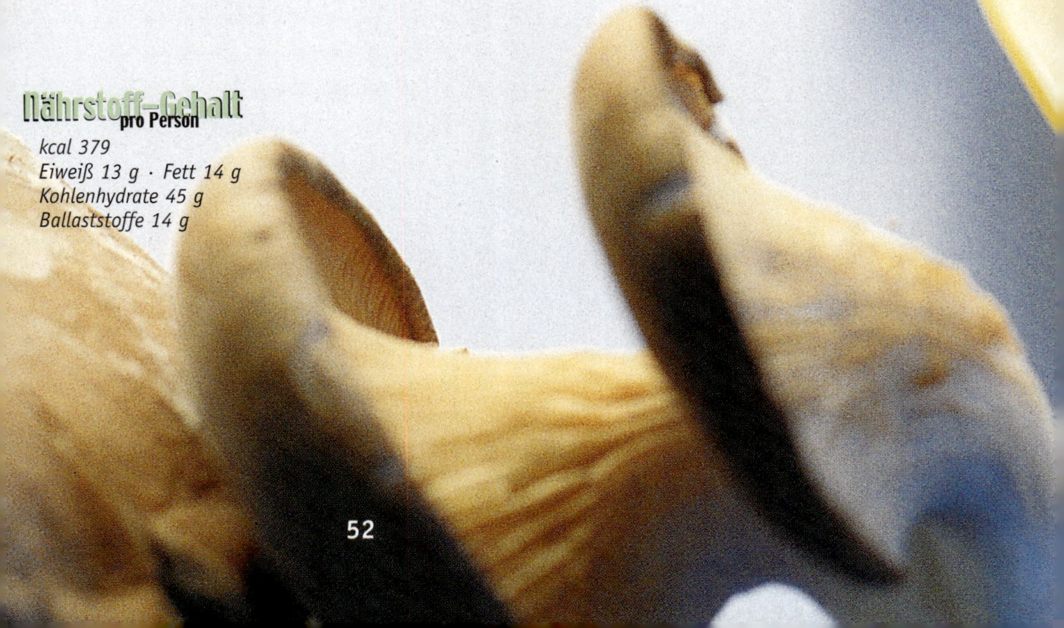

Pochierter Fenchel in Tomatenvinaigrette

Als Beilage – verbessert die Basenbilanz

Zutaten

- *1 Fenchelknolle*
- *1 Fleischtomate*
- *1 Bund Schnittlauch*
- *1 EL Weißw.-Essig 5% Säure*
- *2 EL Keimöl kaltgepresst*
- *Salz, Pfeffer*

Zubereitung

1 *Die Fenchelknolle in gleichmäßige Stücke schneiden und in etwas Salzwasser weich dünsten (ca. 15 Minuten).*

2 *Die Tomate vierteln, entkernen und in kleine Würfel schneiden.*

3 *Den Schnittlauch schneiden und mit dem Fenchelfond und den übrigen Zutaten zu einer Essig-Öl-Marinade verrühren.*

4 *Die gedünsteten Fenchelstücke anrichten und mit den Tomatenwürfeln bestreuen, die Marinade gleichmäßig über den Fenchel gießen.*

Nährstoff-Gehalt pro Person

kcal 91
Eiweiß 3 g · Fett 5 g
Kohlenhydrate 6 g
Ballaststoffe 7 g

Tipp

Verzichten Sie nicht auf das Fenchelgrün! Streuen Sie es fein geschnitten kurz vor dem Servieren über das Gericht.

Gratinierte Artischockenherzen

Artischocken sind zwar sauer, unterstützen aber hervorragend die Leberfunktion

Zubereitung

1 *Die Artischocken abgießen und den Sud mit der sauren Sahne verrühren, salzen und pfeffern.*

2 *Artischockenherzen und die Tomaten vierteln und in eine feuerfeste Form einsetzen.*

3 *Mozzarella in dünne Scheiben schneiden.*

4 *Die Sahnesauce über die Gemüse ziehen und mit dem Mozzarella bedecken.*

5 *Die Butter erwärmen und mit den Semmelbröseln und den Provence-Kräutern verrühren, diese Mischung über den Mozzarella streuen.*

6 *15 Minuten bei 180 °C im vorgeheizten Ofen backen.*

Tipp

Mit etwas Dinkelbrot oder Baguette als Sommeressen herrlich geeignet.

Zutaten

- *1 Dose Artischockenherzen*
- *2 EL Semmelbrösel*
- *2 EL Butter*
- *Kräuter der Provence*
- *1 Mozzarella (125 g)*
- *3 Tomaten*
- *1 Becher saure Sahne*
- *Salz, Pfeffer*

Nährstoff-Gehalt pro Person

kcal 478
Eiweiß 17 g · Fett 35 g
Kohlenhydrate 18 g
Ballaststoffe 5 g

Artischocken als Vorspeise

Noch einmal Artischocken – weil sie so verdauungsfreundlich sind

Zutaten

pro Pers. 1 Artischocke

(beim Einkauf auf feste, noch geschlossene Blätter achten)

Grundrezept Artischockensud

Saft von 1-2 Zitronen

(oder eine entsprechende Menge Essig; man kann auch Zitronenscheiben ins Wasser legen)

einige Tropfen Olivenöl

grobes Meersalz (ca. 10 g pro 1 1/2 Liter Wasser)

Nährstoff-Gehalt pro Person

kcal 35
Eiweiß 2 g · Fett 1 g
Kohlenhydrate 3 g
Ballaststoffe 11 g

Zubereitung

1 Den Stiel unter dem Blütenansatz abbrechen, und zwar möglichst gerade, damit die Artischocke gut auf dem Teller steht.

2 Die stacheligen Blattspitzen mit der Küchenschere oder dem Messer abschneiden.

3 Bei größeren, länglichen Früchten das gesamte obere Drittel mit einem scharfen Messer entfernen.

4 Nun kommen Blütenblätter und Heu im Inneren der Artischocke zum Vorschein. Sie werden nach dem Garen entfernt.

5 Die vorbereiteten Artischocken mit dem Boden nach unten in einen Topf mit kochendem Wasser geben, dem Sie Zitronensaft, Olivenöl und Salz hinzufügen.

6 Die Artischocken sollten gut mit Kochflüssigkeit bedeckt sein. Um sie unter Wasser zu halten, damit sie gleichmäßig gegart werden, kann man zum Beschweren einen kleinen Topfdeckel darauf legen.

7 Zum Schluss den Topf mit einem passenden größeren Deckel verschließen.

8 Die Artischocken sind gar, wenn sich ein aus der Mitte herausgezupftes Artischockenblatt leicht von der Frucht löst. Das dauert je nach Größe 20 bis 45 Minuten.

Tipp

Wenn man Artischockenböden zubereiten möchte, enfernt man von der gegarten Artischocke die äußeren Hüllblätter und zieht mit einer leichten Drehbewegung die hellen Blütenblätter aus der Mitte heraus. Dann heben Sie mit einem scharfen Löffel das Heu vom Artischockenboden ab und entfernen zum Schluss die grünen Blattansätze an der Unterseite.

Hinweis: Bitte verwenden Sie keine Aluminium- oder gusseiserne Töpfe zum Garen von Artischocken, da sich das Gemüse sonst grauschwarz verfärbt und unangenehm nach Metall schmeckt.

In südlichen Ländern werden Artischocken als (verdauungsfördernde) Vorspeise in eine Soße gedippt. Das Blatt dort eintunken, Dip zusammen mit der weichen Substanz der Innenblätter „herausnagen"! Deshalb nachfolgend noch ein Dip-Rezept.

Limonendip

Zutaten

1 unbehandelte Limone

½ Becher Frischkäse mit Kräutern (125 g)

75 ml Schlagsahne

Salz, weißer Pfeffer

Zubereitung

1 Die Schale der Limone abreiben und den Saft auspressen, mit Frischkäse und Sahne vermischen.

2 Den Dip mit Salz und Pfeffer würzen und mit den Artischocken servieren.

Nährstoff-Gehalt pro Person

kcal 273
Eiweiß 6 g · Fett 27 g
Kohlenhydrate 2 g

Gemüsemousse Tricolore

Fein, aber etwas aufwändiger

Zutaten

Rote Mousse

1 große Karotte

2 EL kalte Butter

Helle Mousse

2 EL kalte Butter

½ kleiner Blumenkohl oder 1 Petersilienwurzel

Grüne Mousse

2 Brokkoli-Rosen (150 g)

2 EL Butter

Vinaigrette

1 Schalotte

3 EL Zitronensaft

1 TL Senf

Pfeffer, Salz

2 EL Sonnenblumenöl

1 EL saure Sahne

1 EL Schnittlauchröllchen

Nährstoff-Gehalt pro Person

kcal 414
Eiweiß 7 g · Fett 35 g
Kohlenhydrate 11 g
Ballaststoffe 9 g

Zubereitung

1 Die einzelnen Gemüsesorten putzen, zerkleinern und getrennt weich dämpfen (Karotten 10 – 15 Minuten, Blumenkohl und Brokkoli max. 10 Minuten).

2 Das noch heiße Gemüse jeweils separat in der Küchenmaschine mit kalter Butter pürieren, bis die Masse völlig glatt ist. Nicht salzen!

3 Die drei Pürees 40 Minuten kalt stellen, damit sie fester werden.

4 Schalotte schälen und sehr fein würfeln. Die Vinaigrette-Zutaten gut miteinander verrühren, Schalottenwürfel dazugeben.

5 Von den festen Pürees mit einem Esslöffel Nockerln abstechen, auf zwei Tellern anrichten und mit Vinaigrette umgießen.

Tipp

Diese Mousse lässt sich sehr gut vorbereiten. Auch aus einem Gemüserest kann man schnell einmal eine edle Mousse als kleine Vorspeise zubereiten!

Humus – eine Köstlichkeit aus fernen Ländern

Die Kichererbsen-Crème ist ein toller Dip für alle Gemüse

Zubereitung

1 Kichererbsen am Vorabend in reichlich Wasser einweichen und über Nacht ziehen lassen.

2 Kichererbsen im Einweichwasser etwa eine halbe Stunde kochen bis sie weich sind.

3 Knoblauch schälen und klein pressen.

4 Petersilie waschen und fein hacken.

5 Kichererbsen abgießen, abtropfen lassen und mit dem Knoblauch, der Petersilie, Zitronensaft, Olivenöl und Basenbrühe fein pürieren.

6 Schnittlauch waschen, abtrocknen und fein hacken. Kardamom, Pfeffer und Koriander unter die Creme mischen.

Tipp:

Schneller geht es mit eingelegten Kichererbsen aus der Dose – die müssen weder gewässert noch gekocht werden: einfach abgießen und gleich in den Mixer geben. Allerdings haben sie kaum mehr Vitamine und Mineralstoffe!

Zutaten

- 100 g Kichererbsen
- 1 Knoblauchzehe
- $\frac{1}{2}$ Bund Petersilie
- Kardamom
- Pfeffer
- $\frac{1}{2}$ Bund Schnittlauch
- 1 El Zitronensaft
- 1 EL Olivenöl
- 2 EL Basenbrühe
- 0Koriander

Nährstoff-Gehalt pro Person

140 kcal
Eiweiß 7g
Fett 6 g
Kohlenhydrate 15 g

Rohkostteller mit Dips

So schmeckt auch Rohkost sensationell gut

Zutaten

- 2 Tomaten
- 1 Blumenkohl
- 200 g Brokkoli
- 2 Möhren
- 2 Paprikaschoten

Joghurtdip

- 250 g Joghurt
- 4 TL Senf
- 1 TL Estragon

Tomatendip

- 2 TL Schnittlauch
- 250g Becher Joghurt
- 2 TL Tomatenmark
- 2 TL Liebstöckel

Zubereitung

1 Das Gemüse waschen, putzen und so schneiden, dass man es gut in die Dips eintauchen kann: Die Tomaten vierteln, den Blumenkohl und den Brokkoli in einzelne Röschen zerlegen, die Möhren in Stifte schneiden, die Paprikaschoten entkernen und in längliche Stücke schneiden.

2 Die Zutaten der Dips gut vermischen.

3 Die Gemüseteilchen in die Dips eintauchen und es sich einfach schmecken lassen.

Nährstoff-Gehalt pro Person

360 kcal
Eiweiß 10g
Fett 24 g
Kohlenhydrate 46g

Dinkel-Spinatklöße mit frischen Pfifferlingen

Etwas für Geübtere

Zubereitung

1 Die Dinkelbrötchen in dünne Scheiben schneiden, mit den Eiern und der heißen Milch mischen und mit Salz und Muskatnuss abschmecken.

2 Den Blattspinat putzen, waschen und in dünne Streifen schneiden.

3 Die Spinatstreifen unter die Brötchenmasse mischen und anschließend kleine Knödel formen. In leicht siedendes Wasser einlegen und ca. 15 Minuten ziehen lassen.

4 Die Pfifferlinge putzen, waschen und in der Butter kurz anschwenken, würzen.

5 Die Pilze auf dem Teller anrichten, mit der Blattpetersilie bestreuen und die Spinatknödel aufsetzen.

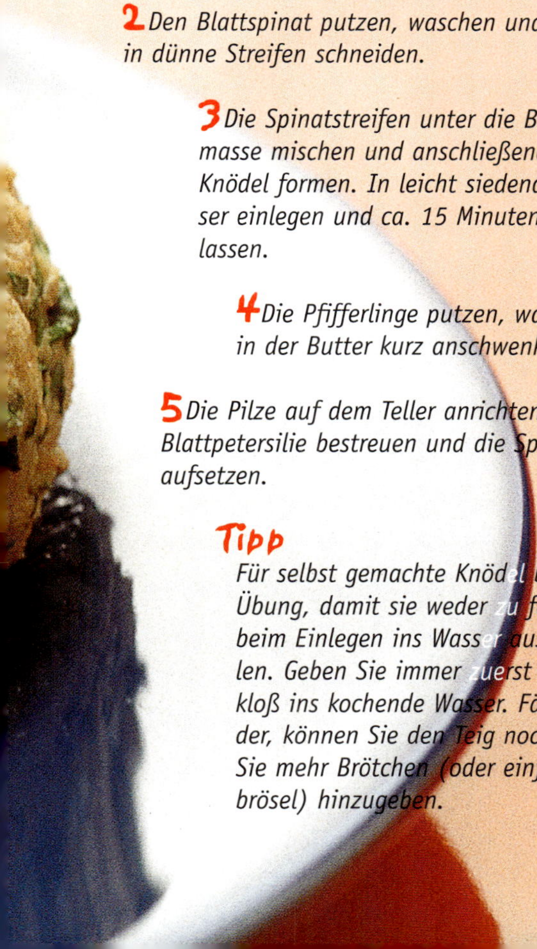

Tipp

Für selbst gemachte Knödel braucht man Übung, damit sie weder zu fest werden noch beim Einlegen ins Wasser auseinander fallen. Geben Sie immer zuerst einen Probekloß ins kochende Wasser. Fällt er auseinander, können Sie den Teig noch retten, indem Sie mehr Brötchen (oder einfach Semmelbrösel) hinzugeben.

Zutaten

- 4 Dinkelbrötchen
- 3 Eier
- 100 g frischer Blattspinat
- 0,1 l Milch
- Salz, Muskatnuss
- 200 g frische Pfifferlinge
- 1 Bund Blattpetersilie
- 1 TL Butter

Nährstoff-Gehalt pro Person

kcal 488
Eiweiß 31 g · Fett 24 g
Kohlenhydrate 47 g
Ballaststoffe 8 g

Gefüllte Aubergine mit Tomatenfüllung

Ein weiteres Gericht voll südlicher Energie

Zubereitung

1 Die Aubergine halbieren und das Fruchtfleisch mit einem Pariser Ausstecher ausstechen.

2 Die Tomaten schälen, vierteln und zusammen mit den Auberginenkugeln in die Aubergine einsetzen.

3 Die Crème fraîche mit den klein geschnittenen Sardellenfilets, der Milch und dem Basilikum mischen und die gefüllte Aubergine damit überziehen.

4 Die Aubergine in eine Form geben und bei ca. 160 °C 40 Minuten im Ofen backen.

5 Kartoffeln in feine Scheiben schneiden und ziegelartig auf ein mit Backpapier ausgeschlagenes Backblech geben, dünn mit Öl bepinseln.

6 Die Kartoffelscheiben die letzten 20 Minuten mit in den Ofen geben.

Tipp

Wenn es schneller gehen soll, dünsten Sie Tomaten und Aubergine (beides klein geschnitten) und geben zum Schluss Sardellen, Crème fraîche und Basilikum dazu. Dazu gedämpfte Kartoffeln.

Zutaten

- 1 Aubergine
- 4 Flaschentomaten
- 3 Sardellenfilets
- frisches Basilikum
- 150 g Crème fraîche
- 0,1 l Milch
- 4 mittelgroße Kartoffeln
- 1 EL Öl

Nährstoff-Gehalt pro Person

kcal 420
Eiweiß 13 g · Fett 26 g
Kohlenhydrate 27 g
Ballaststoffe 6 g

Quark-Teigtascherln mit grünem Spargel

Auch mit anderem Gemüse lecker!

Zubereitung

1 Die Zutaten für den Teig kräftig miteinander vermengen und ca. 30 Minuten kühl stellen. Anschließend auf einer gut bemehlten Arbeitsfläche ausrollen und mit einem Trinkglas runde Teigstücke von ca. 10 cm Durchmesser ausstechen.

2 Den Teig mit dem klein geschnittenen Schafskäse belegen, mit dem Thymian bestreuen und zu halbmondförmigen Taschen zusammenklappen.

3 Die Taschen auf ein gebuttertes Blech setzen und bei 180 °C ca. 25 Minuten goldgelb backen.

4 Die Enden des grünen Spargels schälen, den Spargel anschließend in leicht gesalzenem Wasser mit etwas Zitronensaft kochen.

5 Den heißen Spargel mit der flüssigen Butter bestreichen und mit den Teigtascherln servieren.

Tipp

Grüner Spargel hat den Vorteil, dass man ihn wirklich nur an den Enden schälen muss. Den weißen Spargel müssen Sie ganz schälen und länger dünsten, damit er weich wird.

Zutaten

Für den Teig

1 Ei
50 g Butter
250 g Quark
150 g Dinkelmehl

Für die Füllung

100 g Schafskäse
1 Thymianzweig

Der Spargel

500 g grüner Spargel
1/2 Zitrone
Salz
1 EL Butter

Nährstoff-Gehalt pro Person

kcal 796
Eiweiß 45 g · Fett 38 g
Kohlenhydrate 52 g
Ballaststoffe 10 g

Bunter Gemüseauflauf mit Maisgrieß und Bananen

Sättigende, ausgewogene Hauptmahlzeit

Zutaten

- 0,5 l Fleischbrühe (Inst.)
- 250 g versch. Gemüse (Möhren, Lauch, Blumenkohl, Kohlrabi, Zucchini)
- 2 kl. gehäutete Tomaten
- 2 EL Crème fraîche mit Kräutern (60 g, 30 % Fett)
- 100 g Maisgrieß (Kukuruz)
- 1/2 Bund Petersilie
- 1 mittelgroße Banane
- fr. gepresster Zitronensaft
- 2 kl. Eier oder 1 großes Ei
- 100 g Doppelrahm-frischkäse mit Kräutern
- 1-2 EL heißes Wasser
- 1 EL Crème fraîche mit Kräutern
- 1 EL Sonnenblumenkerne
- Salz, Pfeffer
- Fett zum Ausstr. der Form
- 1 EL Semmelbrösel
- 1 EL Butterflöckchen

Zubereitung

1 Gemüse waschen, Möhren in dünne Scheiben und Stifte, Lauch in breitere Ringe, Blumenkohl in kleine Röschen, Kohlrabi in Würfel, Zucchini in Scheibchen schneiden.

2 Einen halben Liter Fleischbrühe zum Kochen bringen, Gemüse darin sortenweise „auf Biss" garen. Mit dem Schaumlöffel herausheben, kalt überbrausen, abtropfen lassen, locker mischen.

3 Tomaten einritzen, ca. 2 Minuten in die Brühe tauchen, herausheben und enthäuten. Crème fraîche mit Kräutern mit den Tomaten mixen und zum Gemüse geben.

4 Einen viertel Liter der verbliebenen Fleischbrühe abmessen, nach Bedarf auf einen Viertelliter mit Wasser auffüllen, zum Kochen bringen. Maisgrieß unter Rühren einstreuen, kräftig aufkochen, zur Seite ziehen, in 15 Minuten ausquellen und etwas abkühlen lassen.

5 Petersilie waschen, trocken schwenken, grob hacken. Bananen in Scheiben schneiden, mit Zitronensaft beträufeln. Eier trennen. Eigelb mit Wasser schaumig schlagen, Doppelrahmfrischkäse, Crème fraîche und Petersilie darunterrühren, mit dem Maisgrieß gut vermengen, Sonnenblumenkerne dazugeben, mit Salz und Pfeffer abschmecken. Eiweiß

zu sehr steifem Schnee schlagen, zusammen mit den Bananenscheiben unterheben.

6 Eine kleine Auflaufform fetten, die Hälfte der Maisgrießmasse gleichmäßig verteilen, 1 EL Semmelbrösel darüber streuen. Gemüse samt Tomaten und Soße darauf geben, mit der restlichen Maisgrießmasse aufgießen. Restliche Semmelbrösel daraufstreuen und mit Butterflöckchen belegen. Den Auflauf im vorgeheizten Backofen bei 220 °C 60 – 70 Minuten backen.

Dazu passt: Grüner Salat

Tipp

Ein Auflauf eignet sich gut, wenn Sie Gäste oder ein Date erwarten. Sie schieben das Essen in den Ofen, räumen auf und legen die Beine hoch. Wenn die Gäste kommen, sind Sie relaxed und gut drauf!

Nährstoff-Gehalt pro Person

kcal 730
Eiweiß 24 g · Fett 39 g
Kohlenhydrate 67 g
Ballaststoffe 6 g

Geschmorte Rote Bete mit Schmand

Kurze Variante des legendären russischen Borschtsch

Zutaten

2 Rote Bete
4 mittelgroße Kartoffeln
0,2 l Gemüsebrühe
Anis, Kümmel, Salz, Pfeffer
1 Bund frischer Dill
1/2 Becher Schmand

Zubereitung

1 Die Roten Bete in leicht gesalzenem Wasser weich dünsten, schälen und in ca. 1 cm große Stückchen schneiden.

2 Die Kartoffeln schälen, in dünne Scheiben hobeln und in eine feuerfeste Form füllen, die Gemüsebrühe aufgießen und die Form für ca. 25 Minuten bei 200 °C in die Röhre schieben, sobald die Flüssigkeit eingekocht ist.

3 Die Rote-Bete-Würfel mit Salz, Anis, Kümmel und Pfeffer abschmecken und auf die geschmorten Kartoffelscheiben setzen.

4 Das fertige Gericht mit gehacktem Dill bestreuen und Schmandkleckse aufsetzen.

Nährstoff-Gehalt pro Person

kcal 163
Eiweiß 6 g · Fett 2 g
Kohlenhydrate 8 g
Ballaststoffe 28 g

Tipp

Probieren Sie Rote Bete auch einmal fein geraspelt roh aus (etwas Zitronensaft daran geben). Vorsicht: Die rote Farbe ist einigermaßen dauerhaft!

Bunter Gemüseeintopf

Einmal quer durch den Gemüsegarten

Zutaten

- 3 Tomaten
- 1 kleiner Zucchino
- 1 grüne Paprikaschote
- 1 Zwiebel
- 1 EL Distelöl
- 1 EL Kardamom
- 200 ml Basenbrühe
- 100 g Frischkäse
- 1 Apfel
- 2 EL Apfelsaft
- Salz und Pfeffer
- 1 EL Kurkuma
- etwas Koriander

Zubereitung

1 Tomaten und Zucchino waschen und in Würfel schneiden. Paprika entkernen und in schmale Streifen schneiden.

2 Zwiebel schälen, würfeln und im heißen Öl andünsten. Den Apfel schälen, das Gehäuse entfernen und in kleine Würfel schneiden. Kardamom und Kurkuma darüber stäuben und bei schwacher Hitze kurz anschwitzen.

3 Paprika hinzufügen und kurz anbraten. Basenbrühe dazugießen und ca. 5 Minuten bei schwacher Hitze köcheln lassen.

4 Die Tomaten- und Zucchiniwürfel dazu geben und weitere 5 Minuten garen lassen. Frischkäse und Apfelsaft unter das Gemüsecurry rühren und kurz aufkochen lassen. Mit Koriander, Salz und Pfeffer abschmecken.

Nährstoff-Gehalt pro Person

280 kcal
Eiweiß 20g
Fett 20 g
Kohlenhydrate 19 g

Okragemüse mit Tomaten

Afrika lässt grüßen

Zubereitung

1 Zwiebel und Knoblauch schälen, fein hacken.

2 Ingwer schälen und sehr fein hacken.

3 Olivenöl im Wok oder der Pfanne erhitzen, Zwiebel, Knoblauch und Ingwer kurz andünsten.

4 Tomaten waschen, Stielansätze entfernen und klein würfeln. Mit Cayenne-Pfeffer und Kurkuma zur Mischung in der Pfanne geben und einige Minuten weiterdünsten.

5 Okra putzen, den harten Stielansatz entfernen, waschen, untermischen, mit der Basenbrühe löschen und 5 Minuten weiterdünsten lassen.

Tipp

Das köstliche afrikanische Gemüse ist in unseren Breiten – zu unrecht – noch nicht so bekannt. Inzwischen können Sie aber auf vielen Gemüsemärkten – besonders an orientalischen Ständen – frische Okraschoten finden. Bei vielen griechischen und türkischen Händlern gibt es auch Okra aus der Dose.

Zutaten

- 200 g Okraschoten
- ein Stück Ingwer
- 2 Knoblauchzehen
- 1 TL Kurkuma
- 1/2 TL Cayenne-Pfeffer
- 2 Tomaten
- 2 El Olivenöl
- 250 ml Basenbrühe

Nährstoff-Gehalt pro Person

150 kcal
Eiweiß 5 g
Fett 10 g
Kohlenhydrate 16 g

Überbackener Fenchel mit Frischkäsedip

Lässt Sie Steaks & Co. völlig vergessen

Zubereitung

1 Den Fenchel putzen, vierteln und mit etwas Wasser in einem geschlossenen Topf weich dämpfen (ca. 15 Minuten). Den fertig gegarten Fenchel in eine feuerfeste Form geben.

2 In der Zwischenzeit den Knoblauch, die Zwiebel und die Paprika in feine Würfel schneiden und im Olivenöl anschwitzen.

3 Die entkernten Tomaten zugeben und mit dem Fenchelfond angießen. Die Soße einkochen lassen, mit Salz und Pfeffer abschmecken.

4 Die fertige Soße über den Fenchel gießen und mit dem geriebenen Parmesan bestreuen. Bei 180 °C 10 Minuten im Ofen überbacken.

5 Den Frischkäse mit dem fein geschnittenen Salbei und der Zitrone verrühren und mit etwas Salz abschmecken. Zusammen mit Dinkelbrot als Frischkäsedip servieren.

Tipp

Wenn Sie auf die schlanke Linie achten wollen, nehmen Sie weniger Frischkäse oder ersetzen Sie ihn durch Hüttenkäse oder Quark.

Zutaten

- 2 Fenchel
- 4 Flaschentomaten
- ½ grüne Paprikaschote
- 1 Knoblauchzehe
- 1 rote Zwiebel
- 2 EL Olivenöl
- 100 g fr. gerieb. Parmesan
- 1 Becher Frischkäse (250 g)
- Saft einer ½ Zitrone
- 4 Salbeiblätter
- Salz, Pfeffer

Nährstoff-Gehalt pro Person

kcal 535
Eiweiß 34 g · Fett 33 g
Kohlenhydrate 18 g
Ballaststoffe 16 g

Gemüsecurry mit Bananen

So basisch wie exotisch

Zutaten

- ½ kl. Blumenkohl (250 g)
- 100 g Brokkoli
- 1 Stange Lauch
- 1 Karotte
- 1 mittelgroße Banane
- 0,2 l Gemüsebrühe
- 1 Knoblauchzehe
- 1 kleine Zwiebel
- 1 EL Butter
- 2 TL Currypulver
- 1 Becher Sahnejoghurt

Nährstoff-Gehalt pro Person

kcal 190
Eiweiß 8 g · Fett 9 g
Kohlenhydrate 18 g
Ballaststoffe 11 g

Zubereitung

1 Das Gemüse putzen und waschen. Blumenkohl und Brokkoli in Röschen teilen, die Stiele fein schneiden. Den Lauch und die Karotten in Scheiben schneiden.

2 Die Butter in einem Topf erhitzen, die feingewürfelte Zwiebel mit den gewürfelten Bananen darin andünsten, die fein geschnittene Knoblauchzehe dazugeben.

3 Nun das Gemüse nacheinander darin andünsten. Gemüsebrühe mit dem Curry vermischen und zugeben, ca. 30 Minuten köcheln lassen, dann abschmecken. Zum Schluss den Joghurt unterheben.

Dazu passt: Basmati-Reis

Tipp

Bananen sind ein gutes Bindemittel (statt z. B. Mondamin), auch in anderen Gerichten

Bunter Gemüsetopf

Mit dem Kniff aus dem Fernen Osten

Zutaten

- *2 kl. neue Kartoffeln*
- *100 g grüne Bohnen*
- *100 g Zuckerschoten*
- *1/2 Bund Möhren (150 g)*
- *1/2 Bund Frühlingszwiebeln*
- *1 Fleischtomate*
- *1/2 Bund glatte Petersilie*
- *1 Knoblauchzehe*
- *1 EL Olivenöl*
- *3 EL Brühe*
- *3 EL Soja-Soße*
- *Pfeffer*

Nährstoff-Gehalt pro Person

kcal 497
Eiweiß 16 g · Fett 23 g
Kohlenhydrate 51 g
Ballaststoffe 11 g

Zubereitung

1 *Das Gemüse putzen und waschen, Kartoffeln und Möhren schälen. Kartoffeln vierteln. Möhren und Frühlingszwiebeln in Scheiben schneiden, Petersilie hacken.*

2 *Tomate mit heißem Wasser überbrühen, die Schale abziehen und vierteln. Knoblauchzehe abziehen und zerdrücken. Bohnen und Zuckerschoten bleiben ganz.*

3 *Nun das Öl erhitzen, Kartoffelviertel darin anbraten, Bohnen, Knoblauch und Möhrenscheiben zugeben und ca. 5 Minuten dünsten. Restliches Gemüse und Brühe zugeben und weitere 15 Minuten bei schwacher Hitze garen. Mit Petersilie, Soja-Soße und Pfeffer abschmecken.*

Tipp

Tofu in Würfel schneiden, in Öl anbraten und auf dem Eintopf verteilen.

Grüne Lasagne

Grünes Licht für die Basen – trotz Nudeln

Zubereitung

1 Butter zergehen lassen, Mehl darin anschwitzen, Milch einrühren und den Käse darin schmelzen. Anschließend die Soße würzen.

2 Tomaten und Sellerie putzen, waschen und in Scheiben schneiden. Zwiebel schälen, hacken und mit Sellerie in 1 EL heißem Öl dünsten.

3 Spinat verlesen und waschen. Pilze putzen, hacken und in restlichem Öl anbraten. Den Spinat zufügen, zusammenfallen lassen und anschließend würzen.

4 Den Boden einer kleinen Auflaufform mit etwas Soße bedecken. Lasagneplatten, Tomaten, Sellerie, Soße und Pilz-Spinat-Gemüse abwechselnd einschichten. Mit Lasagne und Soße abschließen.

5 Die Sonnenblumenkerne darüber streuen und alles im vorgeheizten Backofen bei 200 °C 45 – 50 Minuten backen.

Tipp

Achten Sie bei den Lasagneplatten auf die Packungsangabe: Bei einigen Sorten müssen die Platten vor der Weiterverarbeitung weich gekocht werden, bei anderen können Sie die Platten direkt aus der Packung verwenden, was natürlich Zeit spart.

Zutaten

- 20 g Butter
- 1 EL Vollkorn-Weizenmehl
- 1/4 l Milch
- 100 g Gorgonzola oder Blauschimmelkäse
- Salz, weißer Pfeffer
- 2 kleinere Tomaten
- 3 Stangen Staudensellerie
- 1 mittelgroße Zwiebel
- 1 EL Öl
- 250 g Spinat
- 100 g Champignons
- 125 g Vollk.-Lasagneplatten
- 1 EL Sonnenblumenkerne

Nährstoff-Gehalt pro Person

kcal 790
Eiweiß 36 g · Fett 42 g
Kohlenhydrate 57 g
Ballaststoffe 7 g

Champignon-Zucchini-Auflauf

Leicht, aber vollwertig

Zubereitung

1 Zucchinis waschen, Stielenden entfernen, längs in $1/2$ cm dicke Scheiben schneiden. Die Paprika putzen, Stielende und Kerngehäuse entfernen, in dünne Scheiben schneiden.

2 Champignons trocken abreiben und in dicke Scheiben schneiden. Die Champignons in einer Pfanne mit wenig Fett kurz anschwitzen, ebenso die Zucchinischeiben. Die Basilikumblätter in feine Streifen schneiden. Den Käse reiben.

3 Für die Eiermilch: Die Eier mit der Milch und der Crème fraîche kräftig verschlagen, mit Salz, Pfeffer, Muskat und zerdrücktem Knoblauch kräftig würzen und anschließend das fein geschnittene Basilikum unterrühren.

4 Eine ovale Auflaufform einfetten und Champignons, Zucchini und Paprika abwechselnd einschichten. Die Eiermilch darüber geben. Zum Schluss den geriebenen Käse darüber streuen. Im vorgeheizten Backofen bei 200 °C ca. 30 Minuten backen.

Zutaten

- 2 Zucchinis
- 250 g Champignons
- 1 rote Paprikaschote
- $1/8$ l Milch
- 60 g Crème fraîche
- 2 Eier
- 2 Zweige Basilikum
- 1 Knoblauchzehe
- 50 g mittelalter Gouda
- Fett zum Anschwitzen und Einfetten
- Salz, Pfeffer, Muskat

Nährstoff-Gehalt pro Person

kcal 445
Eiweiß 22 g · Fett 33 g
Kohlenhydrate 10 g
Ballaststoffe 5 g

Tipp

Wenn Sie am Arbeitsplatz ein Mikrowellengerät haben, eignen sich Aufläufe auch sehr gut zum Mitnehmen.

Gärtnerin-Omelette

Japan lässt grüßen

Zubereitung

1 Den Lauch putzen und in feine Streifen schneiden. Die Sojabohnenkeimlinge kurz in kochendes Wasser geben („blanchieren“).

2 Das Öl in einer großen Bratpfanne oder in einem Wok erhitzen. Die Lauchstreifen hineingeben. Unter ständigem Rühren knapp garen.

3 Die Sojabohnenkeimlinge abgetropft hinzufügen. Kurze Zeit weitergaren.

4 Die Gemüsebrühe und die Soja-Soße mit der Maisstärke verrühren. Zu den Gemüsen geben und eindicken lassen, mit Pfeffer nachwürzen.

5 Für die Omeletten die Eier mit wenig Wasser oder Milch und der Soja-Soße verrühren, pfeffern. Die Butter in einer großen Pfanne erhitzen. Die Eier hineingießen und 1 – 2 Minuten bei mittlerer Hitze stocken lassen, dabei die Eimasse mit dem Wender immer wieder gegen die Mitte schieben. Die Omelette soll feucht bleiben.

6 Die Füllung darauf geben, einschlagen und vorsichtig auf eine vorgewärmte Platte gleiten lassen.

Tipp

Man kann auch kleine, dünne Pfannkuchen mit dem Gemüse füllen.

Zutaten

Für die Füllung

- 1 Lauchstange
- 2 EL Sojabohnenkeimlinge
- 2 TL Erdnussöl
- 3 EL Gemüsebrühe
- 1 EL Soja-Soße
- 1 TL Maisstärke
- Pfeffer

Für die Omelette

- 3-4 Eier
- 1 EL Wasser oder Milch
- 1 TL Soja-Soße
- 1 EL Butter

Nährstoff-Gehalt pro Person

kcal 368
Eiweiß 22 g · Fett 28 g
Kohlenhydrate 6 g
Ballaststoffe 5 g

Zanderfilet auf Staudensellerie und Austernpilzen

Gemüse, Pilze und Kartoffeln sorgen für das Säure-Basen-Gleichgewicht

Zutaten

- 350 g Zanderfilet
- 1 Staudensellerie
- 100 g Austernpilze
- 4 mittelgr. Kartoffeln
- 1/2 Becher Sahne
- Oregano, Salz, Pfeffer
- 2 EL Butter
- Mondamin zum Abbinden
- 1/2 Zitrone

Zubereitung

1 Die Kartoffeln sehr gründlich abreiben, waschen und als Pellkartoffeln im Dämpfeinsatz garen.

2 Den Staudensellerie putzen, mit einem Küchenmesser Fäden ziehen und das Gemüse in kleine Stücke schneiden. Mit wenig Wasser aufsetzen und ca. 15 Minuten garen.

3 Die Austernpilze klein schneiden.

4 Sobald der Sellerie gar ist, gießen Sie Sahne an, binden mit etwas Mondamin und geben die klein geschnittenen Austernpilze zu. Mit Oregano, Salz und Pfeffer würzen.

5 Das Zanderfilet mit Zitronensaft und Salz marinieren und bei milder Hitze (ca. 80 °C) in der Butter langsam braten.

6 Das Fischfilet auf dem Gemüse anrichten und mit den Kartoffeln servieren.

Nährstoff-Gehalt pro Person

kcal 552
Eiweiß 26 g · Fett 33 g
Kohlenhydrate 31 g
Ballaststoffe 8 g

Tipp

Das Eiweiß aus Fisch ist leicht verdaulich, aber benötigt viel Flüssigkeit für die Verstoffwechselung („Fisch muss schwimmen"). Denken Sie bei Ihrer Flüssigkeitsbilanz daran!

Rotbarschragout mit Mittelmeergemüse

Seefisch enthält günstige Fettsäuren

Zutaten

- *400 g Rotbarschfilet*
- *1 Dose Artischockenböden*
- *2 Tomaten*
- *1 Zwiebel*
- *3 EL Olivenöl*
- *1 Bund Dill*
- *Saft einer 1/2 Zitrone*
- *1 Knoblauchzehe*
- *4 mittelgroße Kartoffeln*
- *Salz*

—

Nährstoff-Gehalt pro Person

kcal 517
Eiweiß 43 g · Fett 17 g
Kohlenhydrate 48 g
Ballaststoffe 9 g

Zubereitung

1 *Die Pellkartoffeln waschen und der Länge nach halbieren. Den Knoblauch in dünne Scheiben schneiden und auf ein mit Backpapier ausgelegtes Backblech streuen. Die Kartoffeln mit der Schnittfläche nach unten auf die Knoblauchscheiben legen und bei 180 °C ca. 35 Minuten im Ofen backen.*

2 *Die Zwiebel in kleine Würfel schneiden, in Olivenöl anschwitzen, die entkernten und klein geschnittenen Tomaten zugeben, mit etwas Salz würzen.*

3 *Das Rotbarschfilet in Würfel schneiden, mit Zitrone, Dill und Salz marinieren und zu den angeschwenkten Tomaten geben.*

4 *Die Artischockenböden zugeben und bei kleiner Hitze in abgedeckter Pfanne etwa 5 Minuten ziehen lassen.*

5 *Die Artischockenböden auf Teller anrichten, mit Rotbarsch-Tomatenragout füllen, die Kartoffeln mit der Schnittfläche nach oben beilegen. Mit Dillzweigen garnieren.*

Poulardenbrüstchen in der Mandelhülle mit Steinpilznudeln

Auch so etwas hat – mit den richtigen Beilagen – eine positive Basenbilanz

Zubereitung

1 Die Poulardenbrüstchen mit Mehl, Ei und Mandelblättchen panieren, in der Pfanne bei mittlerer Hitze anbraten und bei 160 °C ca. 15 Minuten im vorgeheizten Ofen fertig garen.

2 In der Zwischenzeit die Bandnudeln in leichtem Salzwasser kochen.

3 Parallel dazu die Steinpilze mit der Milch aufkochen und mit Mondamin binden.

4 Die fertig gekochten Bandnudeln mit der Steinpilzsoße vermengen.

5 Dazu gedünstete Brokkoli- oder Romanesco-Röschen

Zutaten

- 2 Poulardenbrüstchen
- 2 EL Dinkelmehl
- 1 Ei
- 80 g Mandelblättchen
- Öl zum Braten
- 20 g getrocknete Steinpilze
- 0,1 l Milch
- Mondamin zum Binden
- 250 g feine Bandnudeln
- ca. 300 g Brokkoli- oder Romanesco-Röschen: Je mehr, je lieber!
- Petersilie zum Garnieren

Nährstoff-Gehalt pro Person

kcal 1115
Eiweiß 70 g · Fett 40 g
Kohlenhydrate 102 g
Ballaststoffe 17g

Miesmuscheln mit Tomaten und Oliven, Dinkelbaguette

Das Mittelmeer grüßt – reich an wichtigen Fettsäuren

Zutaten

500 g fr. Miesmuscheln
8 Flaschen- o. Eiertomaten
1 Knoblauchzehe
80 g entstei. schwar. Oliven
1 Rosmarinzweig
1 Bund Petersilie
2 EL kaltgepress. Olivenöl
Salz

Zubereitung

1 *Den geschnittenen Knoblauch in Olivenöl bei kleiner Hitze anschwitzen.*

2 *Die Tomaten waschen, den Strunk entfernen, die Tomaten klein schneiden. Zum Knoblauchöl geben und schmoren.*

3 *Den Rosmarin und die Oliven zugeben und mit Salz abschmecken.*

4 *Die Miesmuscheln unterrühren und bei geschlossenem Deckel garen, bis sich die Muscheln geöffnet haben.*

5 *Die Petersilie grob hacken und über die gegarten Miesmuscheln streuen.*

Wichtig: *Miesmuscheln, die sich beim Waschen bereits stark geöffnet haben oder die sich beim Garen nicht mehr öffnen, dürfen nicht gegessen werden!*

Nährstoff-Gehalt pro Person

kcal 1255
Eiweiß 33 g · Fett 55 g
Kohlenhydrate 121 g
Ballaststoffe 37 g

Tipp

Wer lieber grüne Oliven mag, kann diese (unreifen) Früchte essen. Sie sind weniger fetthaltig als die schwarzen, am Baum gereiften. Schwarze Oliven im Glas sind häufig gefärbt – achten Sie auf die Deklaration!

Matjesfilet und Pellkartoffeln auf basische Art

Auch für Landratten (zweimal wöchentlich Fisch ist günstig!)

Zubereitung

1 *Die gewaschenen Kartoffeln im Dämpfeinsatz garen.*

2 *Die Tomaten und die Zwiebel in Scheiben schneiden, das Matjesfilet in Röllchen formen und auf den Tomaten- und Zwiebelringen anrichten.*

3 *Den Sauerrahm mit der Zitrone, Salz und Pfeffer verrühren und über die Matjesröllchen geben. Die entsteinten Oliven darüber streuen und mit den frischen Basilikumblättern garnieren.*

4 *Mit den Pellkartoffeln servieren.*

Tipp

Denken Sie daran, heute besonders viel zu trinken. Sowohl Matjes als auch Oliven enthalten sehr viel Salz!

Zutaten

- 4 Matjesfilets
- 1 rote Zwiebel
- 4 mittelgroße Kartoffeln
- 100 g schwarze Oliven
- 2 Flaschentomaten
- 1 Becher Sauerrahm
- 1/2 Zitrone
- Salz, Pfeffer
- Basilikumblätter

Nährstoff-Gehalt pro Person

kcal 693
Eiweiß 63 g · Fett 38 g
Kohlenhydrate 12 g
Ballaststoffe 5 g

Kalbsrückensteak mit Kräuterchampignons und Kartoffelchips

Fleisch: Mit Basischem kombiniert durchaus erlaubt

Zubereitung

1 *Die Kartoffeln schälen und in hauchdünne Scheiben schneiden oder hobeln.*

2 *Ein Backblech mit Backpapier auslegen und die Kartoffeln ziegelartig schichten.*

3 *Mit Salz und Pfeffer würzen und vorsichtig mit 1 EL Sonnenblumenöl bepinseln. Bei 200 °C in der Röhre garen, bis die Kartoffeln gleichmäßig gebräunt sind (ca. 20 Minuten).*

4 *Die Champignons putzen und blättrig schneiden. Die Butter in der Pfanne erhitzen und die Champignons darin anschwenken. Mit den fein gehackten Kräutern würzen.*

5 *Das Fleisch in 1 EL Sonnenblumenöl scharf anbraten, würzen und für 5 Minuten zusammen mit den Kartoffeln in der Röhre fertig braten.*

Zutaten

- 2 Kalbrückensteaks (je 150 g)
- 150 g Champignons
- 1 EL Butter
- 1 Bund Petersilie
- 5 Basilikumblätter
- 4 mittelgroße Kartoffeln
- 2 EL Sonnenblumenöl
- Salz, Pfeffer

Nährstoff-Gehalt pro Person

kcal 601
Eiweiß 39 g · Fett 35 g
Kohlenhydrate 27 g
Ballaststoffe 5 g

Tipp

Petersilie wirkt harntreibend und damit „entschlackend". Trinken Sie daher besonders viel Flüssigkeit über den Tag. Auch Fleisch benötigt mehr Flüssigkeit als ein rein vegetarisches Essen. Fühlen Sie sich nach der Mahlzeit müde (nach Fleischmahlzeiten häufiger), empfiehlt sich ein kleiner Spaziergang an der frischen Luft statt einer Tasse Kaffee!

Saltimbocca auf Knoblauchspaghetti mit feinen Böhnchen

... denn Fleisch hat ja auch sein Gutes!

Zutaten

- 2 Lammrückenfilets
- 50 g Bündner Fleisch
- 4 Salbeiblätter
- 1 Thymianzweig
- 1 EL Öl zum Braten
- 1 EL Olivenöl
- 300 g Buschbohnen
- 2 Knoblauchzehen
- 250 g Spaghetti
- Salz

Nährstoff-Gehalt pro Person

kcal 954
Eiweiß 53 g · Fett 30 g
Kohlenhydrate 70 g
Ballaststoffe 10 g

Zubereitung

1 Für die Marinade der Lammrückenfilets den Thymian fein hacken, mit etwas Olivenöl mischen und die Lammstücke damit einreiben. 12 Stunden im Kühlschrank abgedeckt ruhen lassen.

2 Für die Zubereitung 1 EL Öl in der Pfanne erhitzen, das Fleisch beidseitig scharf anbraten und durchgaren.

3 Anschließend mit den Salbeiblättern und dem Bündner Fleisch belegen und in der Pfanne heiß halten. Fleisch nicht salzen! Das Bündner Fleisch trägt ausreichend Salz zum Gericht bei.

4 Den Knoblauch fein schneiden, in Olivenöl anbraten. Die Spaghetti kochen, ganz leicht salzen und mit dem Knoblauch mischen.

5 Die Böhnchen putzen und im Dämpfeinsatz kurz – „bissfest" – garen.

6 Die Lammstücke auf den Knoblauchspaghetti anrichten und mit den Böhnchen und frischen Salbeiblättern servieren.

Tipp

Vorweg eine (basische) Gemüsesuppe erleichtert bei diesem Gericht Ihr Säure-Basen-Gewissen.

Kartoffel-Käse-Quiche

Kartoffeln „zum Mitnehmen"!

Zutaten

- 6 mittelgroße Kartoffeln
- 6 Eier
- 150 g Putenschinken
- 1 Thymianzweig
- 1 Rosmarinzweig
- 0,2 l Milch
- 100 g Roquefort
- 100 g Emmentaler
- 1 Zwiebel
- etwas Kartoffelstärke
- 1 EL Butter
- Salz, frisch gemahlener schwarzer Pfeffer

Nährstoff-Gehalt pro Person

kcal 373
Eiweiß 22 g · Fett 23 g
Kohlenhydrate 16 g
Ballaststoffe 2 g

Zubereitung

1 Die Pellkartoffeln dämpfen, schälen, durch die Kartoffelpresse drücken, mit 2 Eigelb vermischen und mit wenig Salz und Pfeffer nach Geschmack würzen. Je nach Bedarf mit etwas Kartoffelmehl zu einem geschmeidigen Teig verarbeiten.

2 Die Kartoffelmasse in eine Springform drücken und bei 180 °C ca. 15 Minuten im Ofen backen.

3 Die Zwiebel und den Putenschinken in feine Würfel schneiden und mit der Butter anschwitzen.
4 Eier mit der Milch verrühren, den klein geschnittenen Käse und die Zwiebel-Schinken-Schmelze zugeben und mit den fein gehackten Kräutern, Salz und Pfeffer würzen.

4 Die Ei-Käse-Masse in die Springform geben und bei 190 °C ca. 45 Minuten im Backofen stocken lassen.

Tipp

Das Rezept ist ideal zum Mitnehmen an den Arbeitsplatz (auch die Kollegen werden sich freuen). Sie können die Stücke rasch in der Mikrowelle erwärmen, sie schmecken aber auch kalt gut! Für die Basenbilanz passt dazu mittags gut ein Salat, abends vorweg eine Gemüse-Creme-Suppe

Kartoffel-Quinoa-Auflauf

Etwas für kalte Wintertage – auch gut zum Aufwärmen am nächsten Tag

Zutaten

3 mittelgroße Kartoffeln
2 Möhren
1 rote Paprikaschote
500 ml Basenbrühe
80 g Quinoa
70 g geriebener Hartkäse
Majoran
Meersalz

Nährstoff-Gehalt pro Person

320 kcal
Eiweiß 21g
Fett 10 g
Kohlenhydrate 37 g

Zubereitung

1 *Kartoffeln schälen und klein würfeln. Möhren waschen, putzen und in kleine Stücke schneiden. Paprika waschen, halbieren, entkernen und würfelig schneiden. Das gesamte Gemüse in kochendem Wasser rund 5 Minuten blanchieren. Wasser abgießen und Gemüse in eine feuerfeste Form schichten.*

2 *500 ml Basenbrühe aufkochen, Quinoa zugeben und 20 Minuten garen, weitere 10 Minuten bei abgeschalteter Hitze quellen lassen.*

3 *Quinoa mit Käse, Meersalz und Majoran vermischen und auf dem Gemüse verteilen. Im Backofen bei 220 Grad ca. 15 Minuten überbacken.*

Mittelmeer-Kartoffelpfanne

So schmecken Kartoffeln nach Sommer

Zubereitung

1 Kartoffel in reichlich Wasser etwa 20 Minuten garen, dann schälen und in Würfel schneiden.

2 Frühlingszwiebel putzen, waschen und in feine Ringe schneiden.

3 Knoblauch schälen und fein schneiden.

4 Paprika waschen, halbieren, Kerngehäuse entfernen und in Streifen schneiden, Tomaten waschen und in Würfel schneiden.

5 Olivenöl erhitzen und Zwiebel und Knoblauch darin kurz anbraten.

6 Tomaten und Paprika dazugeben und etwa 5 Minuten auf kleiner Flamme dünsten. Dann die Kartoffelwürfel dazumischen und weitere 5 Minuten dünsten lassen.

7 Basilikum und Dill waschen, fein hacken und in das Gemüse mischen, mit Pfeffer und Zitronensaft abschmecken.

8 Vor dem Servieren mit dem klein gewürfelten Feta-Käse bestreuen.

Zutaten

- 250 g Kartoffeln
- 2 Paprikaschoten
- 2 EL Olivenöl
- 1 Bund Basilikum
- 1 Zweig Dill
- 2 Frühlingszwiebeln
- 1 Knoblauchzehe
- 3 Tomaten
- 60 g Feta-Käse
- Pfeffer
- Zitronensaft

Nährstoff-Gehalt pro Person

305 kcal
Eiweiß 11g
Fett 24 g
Kohlenhydrate 37 g

Kartoffel-Gemüseauflauf mit feinen Böhnchen

Auflauf statt Gemüseeintopf – und schon wird's pfiffig!

Zubereitung

1 Kartoffeln und Knoblauch schälen, Zucchini waschen. Alles in feine Scheiben schneiden – mit der Küchenmaschine geht es schneller!

2 Die Paprikaschote entkernen und in feine Würfel schneiden. Die Gemüse mit dem Oregano mischen und in eine feuerfeste Form geben.

3 Die leicht gesalzene und gepfefferte Sahne darüber gießen und bei 180 °C ca. 40 Minuten im Backofen garen.

4 Die geputzten Böhnchen dämpfen. Mit der Butter und dem fein gehackten Bohnenkraut anschwenken und zum Kartoffel-Gemüseauflauf servieren.

Zutaten

- 5 mittelgroße Kartoffeln
- 1 Knoblauchzehe
- 1 grüne Zucchini
- 1 gelbe Zucchini
- 1 rote Paprikaschote
- 0,2 l Schlagsahne
- frischer Oregano
- 300 g fr. Keniaböhnchen (kl., dünne Buschbohnen)
- Bohnenkraut
- 1 TL Butter
- Salz, Pfeffer

Tipp

Bereiten Sie doppelt so viel Auflauf zu und frieren Sie die Hälfte ein. So haben Sie für später ein schnelles Mikrowellengericht.

Nährstoff-Gehalt pro Person

kcal 620
Eiweiß 10 g · Fett 40 g
Kohlenhydrate 46 g
Ballaststoffe 9 g

Kartoffelpuffer mit Egerlingen

Kartoffelrezept auf die Schnelle!

Zubereitung

1 Die Kartoffeln fein reiben und mit dem Ei, evtl. Kartoffelmehl, Salz und Pfeffer verrühren. Egerlinge in dünne Scheiben schneiden.

2 Aus dem Teig in der heißen Pfanne etwa handtellergroße Kartoffelpuffer in wenig Fett ausbraten.

3 Die Egerlinge in der Butter anbraten und mit der grob gehackten Petersilie vermischen. Kartoffelpuffer auf Blattsalat anrichten und die Egerlinge darauf geben.

Tipp

Tupfen Sie die gebratenen Kartoffelpuffer mit Küchenkrepp ab – damit reduziert sich der Fettgehalt. Nehmen Sie den Blattsalat abends als kleinen Farbtupfer (Garnierung), mittags aber ruhig großzügig als Basenspender.

Zutaten

- 300 g Egerlinge
- 3 mittelgroße Kartoffeln
- 1 Ei
- Kartoffelstärke
- Salz, Muskatnuss
- Etwas Öl zum Braten
- 1 TL Butter
- 1 Bund Blattpetersilie
- Blattsalat

Nährstoff-Gehalt pro Person

kcal 546
Eiweiß 22 g · Fett 31 g
Kohlenhydrate 37 g
Ballaststoffe 9 g

Bircher-Kartoffeln mit Karottengemüse und grüner Soße

Bircher erfand nicht nur Müsli!

Zubereitung

1 Kartoffeln waschen, halbieren. Ein Backblech mit dem Kümmel bestreuen und die Kartoffeln mit der Schnittfläche nach unten aufsetzen. Bei 200 °C ca. 30-40 Minuten im Ofen garen.

2 Die Zwiebel schälen, in kleine Würfel schneiden und in der Butter glasig dünsten. Die Karotten schälen, in dünne Scheiben schneiden und zusammen mit den Zwiebeln und dem Mineralwasser dünsten. Mit Salz abschmecken.

3 Die Gemüsebrühe mit der Sahne aufkochen und mit etwas Mondamin binden.

4 Die frischen Kräuter grob hacken und im Mixer mit der Soße pürieren.

Tipp

Mit Kartoffeln brauchen Sie niemals zu geizen. Wenn Sie mehr essen möchten – nur zu! Probieren Sie aus, ob Sie die grüne Soße auch abends vertragen – bei Manchen ist sie abends etwas kritisch. Wegen der vielen Kräuter aber sehr basisch!

Zutaten

- 3 mittelgroße Kartoffeln
- 2 EL Kümmel
- 4 große Karotten
- 1 Zwiebel
- 1 EL Butter
- 0,1 l Wasser
- 0,1 l Gemüsebrühe
- 1/2 Becher Sahne (100 g)
- Mondamin zum Binden
- 1 großer Bund fr. gemischte Kräuter (Petersilie, Liebstöckel, Thymian usw.)
- Salz

Nährstoff-Gehalt pro Person

kcal 612
Eiweiß 10 g · Fett 35 g
Kohlenhydrate 58 g
Ballaststoffe 13 g

Folienkartoffel mit frischen Kräutern und Grilltomate

Ab in den Ofen – sparen Sie Fett

Zutaten

- 2 große Kartoffeln
- 1 Bund Petersilie
- 1 Bund Schnittlauch
- fr. Thymian, Liebstöckel
- 2 EL Distelöl
- 1 Knoblauchzehe
- Salz
- 3 Flaschentomaten
- 1 Mozzarella (125 g)

Nährstoff-Gehalt pro Person

kcal 460
Eiweiß 22 g · Fett 20 g
Kohlenhydrate 48 g
Ballaststoffe 10 g

Zubereitung

1 Die Pellkartoffeln waschen und in Alufolie wickeln. Bei 200 °C ca. 45 Minuten im Ofen garen.

2 Die frischen Kräuter waschen, klein schneiden und mit dem Distelöl mischen, salzen.

3 Die Tomate waschen und den Strunk entfernen, halbieren, leicht salzen und mit dem in Scheiben geschnittenen Mozzarella belegen. Die Tomaten ca. 10 Minuten vor dem Servieren zu den Kartoffeln geben und garen.

4 Die fertig gegarten Kartoffeln mit einem Messer kreuzförmig einschneiden, aufdrücken und mit dem Kräuterdip überziehen. Die Tomaten als Beilage dazu servieren.

Tipp

Distelöl ist reich an ungesättigten Fettsäuren. Wer den Geschmack nicht mag, kann stattdessen auch Walnussöl, Oliven- oder Maiskeimöl nehmen, zur Abwechslung Crème fraîche oder Schmand.

Kartoffelburger

Kartoffeln ohne Ende – als basische Mahlzeitengrundlage

Zutaten

- 2 mittelgroße Kartoffeln
- 1 Ei
- 1 EL Kartoffelmehl
- Salz, Pfeffer
- 1 Tomate
- Blattsalat zum Garnieren
- 1 EL Öl zum Braten

Nährstoff-Gehalt pro Person

kcal 223
Eiweiß 9 g · Fett 11 g
Kohlenhydrate 18 g
Ballaststoffe 3 g

Zubereitung

1 *Die Kartoffeln fein reiben, mit dem Ei, Kartoffelmehl, Salz und Pfeffer vermengen und in der Pfanne zu kleinen Reibekuchen ausbacken.*

2 *Einen Reibekuchen mit Blattsalat und 3 dünn geschnittenen Tomatenscheiben belegen und einen weiteren Reibekuchen als Deckel auflegen. Sofort servieren.*

Tipp

Fast die schnellste Art, an ein Kartoffelgericht zu kommen!

Rote-Bete-Schupfnudeln

Bringt Farbe in die Kartoffelküche!

Zubereitung

1 *Die Kartoffeln dämpfen, schälen und durch die Kartoffelpresse drücken.*

2 *Das Ei, den Rote-Bete-Saft, nach Bedarf etwas Kartoffelmehl, Salz und Muskatnuss zugeben und zu einem geschmeidigen Teig vermengen.*

3 *Zwischen den beiden Handflächen mit bemehlter Hand etwa 5 cm lange, in der Mitte fingerdicke Schupfnudeln rollen und in köchelndem Salzwasser kochen. Sie sind gar, wenn sie hochsteigen.*

Tipp

Dazu passen Salate, gedünstetes Gemüse oder in Butter glasig gedünstete Zwiebelringe. Gut auf Vorrat herzustellen und einzufrieren – so haben Sie eine basische Sättigungsgrundlage immer zur Hand!

Zutaten

- *4 mittelgroße Kartoffeln*
- *1 EL Rote-Bete-Saft*
- *Kartoffelmehl*
- *1 Ei*
- *Muskatnuss, Salz*

Nährstoff-Gehalt pro Person

kcal 243
Eiweiß 10 g · Fett 5 g
Kohlenhydrate 34 g
Ballaststoffe 5 g

Curryaufstrich

Findet noch jemand Quark langweilig?

Zutaten

- 250 g Magerquark
- 1/2 Becher Biojoghurt
- 1 EL Senf
- 1 Messerspitze Curry
- 1 Ei
- Liebstöckel

Zubereitung

1 Quark, Joghurt und Senf verrühren, mit Salz, Pfeffer, Liebstöckel und Curry abschmecken.

2 Das Ei hart kochen und klein geschnitten unter die Masse heben.

Tipp

Diese Masse eignet sich auch hervorragend für gefüllte Eier.

Nährstoff-Gehalt pro Person

kcal 199
Eiweiß 25 g · Fett 5 g
Kohlenhydrate 9 g
Ballaststoffe 1 g

Schafskäsecreme

Toll für die Sommerfete

Zutaten

- 50 g Schafskäse
- 2 EL saure Sahne
- 1 Bund Ruccola
- 1/2 Bund Basilikum
- 1 Tomate,
- Pfeffer

—

Nährstoff-Gehalt pro Person

70 kcal
Eiweiß 19g
Fett 20 g
Kohlenhydrate 3g

Zubereitung

1 Schafskäse mit einer Gabel zerdrücken und mit der sauren Sahne zu einer Creme vermischen. Ruccola und Basilikum fein schneiden. Tomaten von den Stielansätzen befreien und würfeln.

2 Ruccola, Basilikum und Tomatenwürfel mischen und mit Pfeffer abschmecken.

Grünkernaufstrich

Hält ein paar Tage im Kühlschrank

Zutaten

- 1 Zwiebel
- 1 Knoblauchzehe
- 1 EL Olivenöl
- 100 ml Basenbrühe
- 25 g Grünkern (geschrotet)
- 1 Lorbeerblatt
- 1 EL Majoran
- Salz, Pfeffer, Koriander

—

Nährstoff-Gehalt pro Person

100 kcal
Eiweiß 3g
Fett 5 g
Kohlenhydrate 14 g

Zubereitung

1 Zwiebel und Knoblauch schälen, fein hacken und im Öl leicht glasig andünsten. Gemüsebrühe, Grünkernschrot, Lorbeerblatt sowie Majoran dazu geben und aufkochen lassen.

2 Danach bei kleiner Flamme 30 Minuten ausquellen lassen. Das Lorbeerblatt entfernen und mit Salz, Koriander und Pfeffer abschmecken.

3 Einige Stunden durchziehen lassen.

Thunfischaufstrich

Köstlicher Fisch aufs Brot

Zutaten

1 Dose Thunfisch im eigenen Saft
125 g Magerquark
1 Zwiebel
Dill
Zitronensaft,
Salz und Pfeffer

—

Nährstoff-Gehalt pro Person

170 kcal
Eiweiß 0,2 g
Fett 12 g
Kohlenhydrate 4 g

Zubereitung

1 Zwiebel fein hacken, Thunfisch abtropfen lassen, alles miteinander pürieren.

2 Mit dem Quark vermischen.

3 Mit den anderen Zutaten lecker abschmecken – fertig!

Auberginenpüree

Schmeckt nach Orient

Zutaten

2 Auberginen (ca. 500g)
2 Knoblauchzehen
5 EL Olivenöl
Saft einer Zitrone
4 Zweige frischer Thymian
2 Bund Petersilie
100 g Magerjoghurt
Salz und Pfeffer
500 g Tomaten
1 Salatgurke

—

Nährstoff-Gehalt pro Person

130 kcal
Eiweiß 9 g
Fett 8 g
Kohlenhydrate 34 g

Zubereitung

1 Auberginen schälen und würfeln

2 Zusammen mit dem gehackten Knoblauch in 2 Esslöffeln Öl andünsten und den Zitronensaft dazu gießen. Zugedeckt bei schwacher Hitze 20 Minuten sehr weich kochen

3 In der Zwischenzeit die Zwiebel und die Kräuter ganz fein hacken.

4 Die weichgekochten Auberginen im Mixer pürieren und das restliche Öl unterrühren, abkühlen lassen

5 Joghurt, Kräuter und die Zwiebel untermischen, mit Salz und Pfeffer würzen und mit Tomaten und Gurkenscheiben garnieren.

Quark mit Karotte und Meerrettich

Auch als Dip geeignet

Nährstoff-Gehalt pro Person

kcal 136
Eiweiß 18 g · Fett 1 g
Kohlenhydrate 12 g
Ballaststoffe 5 g

Zutaten

- 2 große Karotten
- 250 g Magerquark
- fr. geriebener Meerrettich
- 1 Bund Blattpetersilie
- Salz, Pfeffer

Zubereitung

Die Karotten schälen und dämpfen. Den Quark mit dem frisch geriebenen Meerrettich, Salz und Pfeffer abschmecken. Die gedämpften Karotten klein schneiden und mit dem Pürierstab unter Quarkmasse mixen, die fein gehackte Petersilie zum Schluss unterheben.

Tipp

Für alle Rohkostliebhaber: Etwas von den rohen Karotten zurückhalten und fein gerieben als Einlage verwenden.

Sommeraufstrich

Dazu eine Kartoffel – im Lagerfeuer gegart!

Nährstoff-Gehalt pro Person

kcal 121
Eiweiß 18 g · Fett 1 g
Kohlenhydrate 8 g
Ballaststoffe 2 g

Zutaten

- 1 rote Paprikaschote
- 1/2 Salatgurke
- 3 Knoblauchzehen
- 250 g Magerquark
- 1 Dillzweig
- Salz, Pfeffer

Zubereitung

Die Paprikaschote entkernen, den Knoblauch schälen, beides in kleine Würfel schneiden und mit dem Mixstab in den Quark pürieren. Die Gurke waschen, entkernen und in feine Streifen schneiden, unterheben. Mit frischem Dill, Salz und Pfeffer abschmecken.

Tipp

Für „heiße Tage" ein erfrischender Aufstrich auf geröstetem Knoblauchbruschetti (Weißbrotscheiben, in der Pfanne in Olivenöl angeröstet und mit einer Knoblauchzehe eingerieben).

Quark mit frischen Egerlingen

Schnell zubereitet

Nährstoff-Gehalt pro Person

kcal 124
Eiweiß 19 g · Fett 1 g
Kohlenhydrate 9 g
Ballaststoffe 1 g

Zubereitung

Den Quark mit der Milch und dem Senf verrühren, mit Salz abschmecken. Die Pilze und die Schalotten blättrig schneiden und zusammen mit der fein gehackten Blattpetersilie vorsichtig unter die Quarkmasse heben.

Tipp

Dazu passt hervorragend eine Vollkornbrezel.

Zutaten

- 250 g Magerquark
- 0,1 l Milch
- 1 TL Senf
- 2 Schalotten
- 1 Bund Blattpetersilie
- 100 g frische Egerlinge
- Salz

Quark mit Gurke und Tomate

Sommerlich frisch

Nährstoff-Gehalt pro Person

kcal 181
Eiweiß 19 g · Fett 6 g
Kohlenhydrate 10 g
Ballaststoffe 2 g

Zubereitung

Die Tomaten häuten (so klappts: mit kochendem Wasser übergießen, dann Schale einritzen), entkernen und im Mixer pürieren. Die Tomatenmasse und den Sauerrahm unter den Quark ziehen, mit Salz abschmecken. Die Salatgurke in kleine Würfel schneiden und einrühren. Mit den Basilikumblättern garnieren.

Tipp

Reiben Sie das verwendete Gefäß vorher mit einer aufgeschnittenen Knoblauchzehe aus.

Zutaten

- 250 g Magerquark
- 3 Tomaten
- 1/2 Salatgurke
- 1/2 Becher Sauerrahm
- Salz
- frisches Basilikum

Salat aus Galiamelone und Erdbeeren

Pfiffig kombiniert – so gibt's ein neues Geschmackserlebnis!

Zutaten

1/2 Galiamelone
250 g Erdbeeren
1 Limone
frische Pfefferminze

Zubereitung

1 *Die Melone schälen, entkernen und in feine Blättchen schneiden, mit dem Saft der Limone marinieren.*

2 *Die Erdbeeren halbieren und unter die Melone mischen.*

Tipp

Aus der Melone kann man mit einem Pariser Ausstecher schöne Kugeln formen, die sich sehr dekorativ anrichten lassen.

Nährstoff-Gehalt pro Person

kcal 84
Eiweiß 2 g · Fett 1 g
Kohlenhydrate 16 g
Ballaststoffe 3 g

Honigmousse auf Heidelbeersauce

„Belohnung" nach einem basischen fleischlosen Gericht

Zubereitung

1 Die Milch aufkochen und auf das Eigelb gießen, dabei rühren (nicht umgekehrt!!).

2 Die Gelatine in kaltem Wasser einweichen, ausdrücken und in die noch warme Ei-Milch-Masse geben.

3 Mit Honig süßen und abkühlen lassen.

4 Die geschlagene Sahne unter die Masse heben, in Formen füllen und ca. 2 Stunden im Kühlschrank auskühlen lassen.

5 Die Heidelbeeren mit dem Apfelsaft kurz aufkochen und mit Mondamin ganz leicht andicken. Die Creme auf der Heidelbeersoße servieren.

Tipp

Eicreme muss schnell verbraucht werden. Als schnellere, kalorienärmere Variante: Statt der Creme zwei großzügige Kleckse Crème fraîche durch die Heidelbeersoße ziehen.

Zutaten

- 2 Eigelb
- 1 EL Honig
- 1 Becher Sahne
- 0,2 l Milch
- 2 Blatt Gelatine
- 200 g Heidelbeeren
- 0,1 l Apfelsaft
- Mondamin zum Binden

Nährstoff-Gehalt pro Person

kcal 558
Eiweiß 11 g · Fett 41 g
Kohlenhydrate 31 g
Ballaststoffe 3 g

Gratinierte Papaya

Obst muss nicht immer nur roh sein

Zubereitung

1 Die Papaya schälen, halbieren, entkernen und in einen Fächer schneiden.

2 Den Quark mit dem Ei und dem Orangensaft verrühren und nach Geschmack mit Süßstoff süßen.

3 Die Papaya auf einem feuerfesten Teller anrichten und mit der Quarkmasse überziehen. Im Grill oder bei 250 °C im Ofen kurz überbacken.

Tipp

Probieren Sie das Überbacken auch mit anderen Obstsorten, z.B. Bananen, aus.

Zutaten

- 1 Papaya
- 50 g Quark
- 1 Ei
- 3 EL Orangensaft
- Süßstoff flüssig

Nährstoff-Gehalt pro Person

kcal 190
Eiweiß 10 g · Fett 4 g
Kohlenhydrate 24 g
Ballaststoffe 5 g

Rhabarberkompott mit Vanille und Honig

Noblere Variante der altbekannten Rhabarbergrütze

Zutaten

300 g Rhabarber

1 Vanillestange

1 EL Honig

frische Minze

—

Nährstoff-Gehalt pro Person

kcal 48
Eiweiß 1 g · Fett 0 g
Kohlenhydrate 11 g
Ballaststoffe 3 g

Zubereitung

1 Den Rhabarber schälen und in kleine Stückchen schneiden.

2 Die Vanillestange der Länge nach aufschneiden, das Mark herauskratzen und mit dem Honig in 0,1 l Wasser verrühren.

3 Die Rhabarberstückchen zugeben und im geschlossenen Topf weich köcheln lassen.

4 Das Kompott lauwarm mit Minzblättchen garniert servieren.

Tipp

Bei empfindlichem Magen müssen Sie evtl. wegen der im Rhabarber enthaltenen Säure vorsichtig sein. Geben Sie etwas Milch hinzu.

Ananasschiffchen mit Orangensabayon überbacken

Etwas Besonderes, aber schnell zubereitet

Zutaten

- 1 Babyananas
- 2 Eigelb
- 0,1 l fr. gepr. Orangensaft
- 4 EL Ahornsirup
- fr. Beeren zum Garnieren

Nährstoff-Gehalt pro Person

kcal 217 g
Eiweiß 4 g · Fett 8 g
Kohlenhydrate 30 g
Ballaststoffe 1 g

Zubereitung

1 Die Babyananas in 4 Schiffchen schneiden.

2 Den Orangensaft mit dem Ahornsirup und dem Eigelb verrühren und im heißen Wasserbad schaumig schlagen.

3 Die Ananasschiffchen auf einen Teller aufsetzen und mit dem Sabayon überziehen, anschließend im Grill kurz überbacken und mit den frischen Beeren garnieren.

Tipp

Verwenden Sie für den Sabayon (oder italienisch: Zabaione) nur frische, völlig einwandfreie Eier! Bei Gerichten mit rohem Ei ist Vorsicht immer nützlich.

Mangoschaum mit Limone

Obst und Sahne – viel mehr braucht ein Dessert nicht!

Zubereitung

1 Die Mango schälen, entkernen, mit dem Pürierstab mixen und mit dem Ahornsirup und dem Limonensaft abschmecken.

2 Die Sahne steif schlagen und vorsichtig unter das Mangomark heben.

3 Das Dessert in gekühlten Sektschalen servieren.

Tipp

Statt der süßen können Sie auch einmal saure Sahne oder Schmand versuchen, statt des Ahornsirups Honig oder Rübenkraut.

Zutaten

- 1 Mango
- 1/2 Limone
- 0,1 l Sahne
- 1 EL Ahornsirup

Nährstoff-Gehalt pro Person

kcal 245
Eiweiß 2 g · Fett 16 g
Kohlenhydrate 22 g
Ballaststoffe 1 g

Erdbeeren in Ingwer-Honig

Ideal für den Erdbeer-Monat Mai

Zutaten

400 g Erdbeeren
40 g geschälter frischer Ingwer
60 g Kleehonig
100 ml Sahne
1 EL Puderzucker

Zubereitung

1 *Erdbeeren mit feuchtem Küchenkrepp reinigen und vierteln. Ingwer schälen und mit einer Küchenreibe fein raspeln*

2 *Den Honig mit dem Ingwer verrühren und die Erdbeeren vorsichtig darunter mischen.*

3 *Sahne steif schlagen und mit Zucker süßen. Die Erdbeeren mit der geschlagenen Zuckersahne anrichten.*

Nährstoff-Gehalt pro Person

320 kcal
Eiweiß 73
Fett 9 g
Kohlenhydrate 46 g

Birne mit Mandelsauce

Birne einmal anders

Zubereitung

1 Birne waschen, schälen, der Länge nach halbieren und das Kerngehäuse herauslösen.

2 Birne ganz kurz in kochendem Wasser dämpfen und dann auskühlen lassen. Birnenhälften mit klein gewürfelten Trauben füllen.

3 Die gehobelten Mandeln in einer Pfanne ohne Fett anbraten. Joghurt, Honig und die Hälfte der Mandeln zu einer Sauce verrühren.

4 Je eine Portion Mandelsauce auf einen Teller geben, gefüllte Birnenhälften darauf setzen, mit den restlichen Mandeln bestreuen.

Zutaten

1 große reife Birne
einige Trauben zum
Garnieren
150 g Joghurt
50 g gehobelte Mandeln
2 EL Honig

Nährstoff-Gehalt pro Person

230 kcal
Eiweiß 8g
Fett 16 g
Kohlenhydrate 20 g

Informationen zur Kostenübernahme durch die Krankenkassen
Aktuelle Info unter Tel.: 08247/3930
Fragen Sie uns!
Fax: 08245/4301, Email: drbachmann@t-online.de
www.therapiekosten-naturheilverfahren.de

Zuerst zum Arzt, der Sie behandelt

Bitte erst Kontakt über
08247/393-0
(Beratungsabteilung)
Vorinformation.
Dann zur Kasse.
Dort erhalten Sie Antragsformulare.

Rentenversicherung, z.B. BfA/LVA
„verschickt Sie unbeeinflussbar nach..."
kein vergleichbares Angebot
Wunschklinik teilweise Mitspracherecht des Patienten

Beihilfestelle berät Sie optimal ➔ Amtsarzt
➔ Kosteninformation (Unterkunft / Verpflegung):
durch die Fachklinik für Naturheilkunde einholen
Therapie / Arzt: bitte über Beihilfestelle erfragen
Beihilfefähig auch für Unterkunft!

Private Krankenversicherung übernimmt die Kosten der stationären Maßnahme, wenn entsprechender Versicherungstarif abgeschlossen ist.
Eine schriftliche Bestätigung der Leistungszusage muss vorliegen.

Wer übernimmt die Kosten?

- Krankenkassen, z.B. AOK, DAK, IKK, TKK bzw. alle gesetzlichen Krankenkassen
- Beihilfestelle
- Private Krankenkasse (nur Arzt und Therapie), auch Unterbringung, falls versichert
- Sie selbst. Fragen Sie nach günstigen Angeboten/Pauschalen, z.B. **Kopfschmerz/Migräne, Gesunder Darm, Asthma und chronische Bronchitis, Neurodermitis, Schmerz, Rheuma / Arthrose, Säure-Basen-Haushalt, F.X.Mayr, Vorbeugendes und heilendes Fasten**, in der Nebensaison und fragen Sie nach Ihren Bonustagen

AOK	LKK	BKK	IKK	VDAK	AEV	Knappschaft

Ärztliches Attest (Text siehe unten), dass alle ambulanten, medikamentösen Möglichkeiten am Wohnort ausgeschöpft wurden und nur in der

Fachklinik für Naturheilverfahren

die notwendigen medizinischen Voraussetzungen für die erfolgreiche Therapie gegeben sind.

Medizinischer Dienst

Bewilligung

stationäre Maßnahme für Vorsorge/Reha § 111 SGB 5	ambulante Maßnahme für Vorsorge/Reha
Volle Kostenübernahme Eigenbeteiligung derzeit 10,- € pro Tag	*Übernahme Arzt/Therapie* ca. 90% (alle 4 Jahre Anspruch auf sog. Badearztschein); Unterkunftszuschuss derzeit bis zu ca. 13,- € pro Tag möglich (ca. alle 4 Jahre)

Die Autoren

Dr. med. Robert M. Bachmann ist Arzt für Allgemeinmedizin sowie Naturheilverfahren, Fastenarzt nach Buchinger und Mayr-Arzt. Er ist Chefarzt der Reithofpark-Klinik für Naturheilverfahren in Bad-Feilnbach/Oberbayern ➔ www.klinik-naturheilverfahren.de. Er bekleidet eine ordentliche Professur für Naturheilkunde/Physiotherapie an der Fakultät für Integrale Medizin der Privaten Europäischen Hochschule EurAka in der Schweiz.

Werner Trautwein ist Küchenmeister und Inhaber des Diät-Sterns sowie des Vollwert-Diploms. Er hat die Säure-Basen-Ernährung maßgeblich mitentwickelt.

Klaus Müller ist Küchenmeister und langjähriger Küchenchef der Allgäu Clinic für Naturheilverfahren in Bad Hindelang.

Fridhelm Volk ist von Beruf Foto-Designer. Er ist Gründungsmitglied des BBF und Mitglied beim Verband Bildender Künstler Baden-Württemberg. Seit vielen Jahren hat Fridhelm Volk einen Lehrauftrag für Foto-Design an der Fachhochschule für Gestaltung in Würzburg.

Impressum

Bibliografische Information der Deutschen Bibliothek
Die Deutsche Bibliothek verzeichnet diese Publikation in der Deutschen Nationalbibliografie; detaillierte bibliografische Daten sind im Internet über http://dnb.ddb.de abrufbar

Umschlaggestaltung und Layout
Cyclus · Visuelle Kommunikation, Stuttgart

Programmplanung
Uta Spieldiener, Stuttgart

Redaktion
Dr. med. Ulrike Novotny, Radolfzell;
Dr. Birgit Kofler-Bettschart, Wien

Fotos
Fridhelm Volk, Stuttgart

Gedruckt auf chlorfrei gebleichtem Papier

Satz: CYCLUS · Media Produktion, Stuttgart
Druck: Westermann Druck Zwickau GmbH

ISBN 3-8304-3237-2 1 2 3 4 5 6